Das große HOME-OFFICE KOCHBUCH

So klappt's mit der Arbeit und dem Kochen!

INHALT

Besser essen im —HOME-OFFICE— ganz ohne Stress

Frisch und gesund soll es sein, abwechslungsreich, superlecker und natürlich ruck, zuck fertig: Kochen im Home-Office ist eine ganz schöne Herausforderung. Erst recht, wenn mal wieder ein Termin den nächsten jagt. Aber Hilfe naht: Mit unseren unkomplizierten Rezepten wird das mittägliche oder abendliche Kochen zum neuen Lieblingspunkt auf der Agenda!

Corona hat unser Leben und die Arbeitswelt ganz schön durcheinandergewürfelt. Von jetzt auf gleich wurde das Home-Office für viele von uns zum neuen Arbeitsplatz. Bei allen Vorteilen bringt die Arbeit zu Hause natürlich auch so manche gewöhnungsbedürftige Veränderung mit sich. Viele Routinen greifen nicht mehr, gewohnte Abläufe müssen angepasst werden – das zeigt sich auch beim Thema Essen.

Essen im Home-Office ist eine ganz schöne Herausforderung: Keine Kantine, die das Mittagessen für einen kocht, der reich gefüllte Kühlschrank ist nur wenige Schritte entfernt, die Süßigkeiten-Schublade lockt, das Pizza-Taxi steht mit nur einem Anruf vor der Tür … nicht selten macht sich das früher oder später unangenehm auf der Waage bemerkbar – und gesund ist es auf Dauer auch nicht.

Damit das nicht passiert, gibt es aber eine Lösung: clever selber Kochen! Mit ein wenig Planung und Vorbereitung lässt sich das Kochen nämlich ganz einfach in den Arbeitsalltag integrieren, ohne dass du die ganze Pause am Herd stehen musst. Die Vorteile liegen auf der Hand: Du kannst essen, worauf du Lust hast, es ist viel gesünder und leckerer als Fast Food oder Fertiggerichte und letztlich auch günstiger.

In diesem Buch findest du 77 Home-Office-taugliche Lieblingsgerichte, davon auch viele vegetarische: raffinierte Sandwiches und Snacks, Sattmacher-Salate, Powerriegel, Getränke, köstliche Suppen und Eintöpfe und stressfreie Gerichte für den großen Hunger – allesamt schnell zubereitet oder super vorzubereiten und gespickt mit vielen praktischen Tipps. Vorab gibt es auf den nächsten Seiten noch jede Menge nützliche Infos, die dir das Kochen im Home-Office noch leichter machen – von Vorratshaltung über Resteverwertung bis hin zu Meal Prep.

ALSO: RAN AN DEN HERD – DENN DER HUNGER MACHT AUCH ZU HAUSE KEINE PAUSE!

MACH'S DIR LEICHTER!

Vorräte anlegen

Ein Vorrat an bestimmten Lebensmitteln ist superpraktisch – er erspart dir so manchen Einkauf und wappnet dich für spontane Hungerattacken. Unter den Zutaten gibt es ein paar richtige Multitalente, die du immer da haben solltest (siehe S. 6/7).

Portionsweise einfrieren

Viele Gerichte schmecken aufgewärmt noch mal so gut oder lassen sich wunderbar einfrieren – koch also direkt mehr davon und frier sie portionsweise ein.

Clever vorarbeiten

Überleg dir schon am Abend vorher, was du am nächsten Tag essen möchtest. Bei vielen Gerichten kannst du schon einiges vorbereiten und sparst dir dann am nächsten Tag im Arbeitsstress die Zeit (siehe S. 10).

Entspannt vorkochen

Oder noch besser: Plan gleich das Essen für mehrere Tage und koche in ruhigen Stunden entspannt vor (siehe S. 10).

Feste Pausen

Plan feste Pausenzeiten fürs Kochen und Essen ein, sonst besteht die Gefahr, dass der Hunger zu groß wird und du zwischendurch isst, was dir in die Quere kommt. Iss nicht nebenbei am PC, sondern nimm dir Zeit fürs Essen in entspannter Umgebung. Ob am Esstisch, auf der Couch oder auf dem Balkon – im Home-Office hast du die freie Platzwahl!

VORRÄTE

Superpraktisch!

Um für alle kulinarischen Fälle gerüstet zu sein und dir das Leben leichter zu machen, ist ein Vorrat an oft gebrauchten Lebensmitteln unerlässlich. Die folgenden Lebensmittel finden in vielen Rezepten Verwendung – je mehr davon du im Vorratsschrank hast, je praktischer wird's!

Trockenes

Trockene Lebensmittel sind in der Regel länger haltbar und können daher gut auf Vorrat eingekauft werden. Nützlich sind Mehl, Backpulver, Trockenhefe, Paniermehl, Couscous, Reis, Nudeln, (rote) Linsen, Haferflocken, Trockenfrüchte, verschiedene Nüsse, Kürbis- und Pinienkerne.

Konserven & Gläser

Lebensmittel in Gläsern und Konserven sind lange haltbar und damit gute Kandidaten für die Vorratshaltung. Nützlich sind passierte und stückige Tomaten, getrocknete Tomaten, Thunfisch, Kapern, Oliven, weiße Bohnen, Kidneybohnen, Kichererbsen, Mais und Artischockenherzen.

Tiefkühlprodukte

Tiefgekühltes wie Spinat, Erbsen, Asia-Gemüse, küchenfertige Garnelen, Fischfilets, Fleisch, Beeren und Kräuter ist ebenfalls lange haltbar und sollte bei der Vorratshaltung nicht fehlen.

Fette, Öle & Sonstiges

Ständig am Start sollten Butter, Olivenöl sowie hitzebeständiges Pflanzenöl zum Braten sein. Aceto balsamico und Weißweinessig sind nützliche Basics für Salate & Co. Auch hilfreich: Senf, Sojasauce, Pesto, Tomatenmark, Worcestersauce, Mayonnaise, Gemüse-, Hühner- und Rindfleischbrühe.

Milchprodukte & Eier

Milchprodukte und Eier sind für stressfreies Kochen unentbehrlich. Ihre Haltbarkeit ist jedoch begrenzt – sie sind also nur für eine kürzere Vorratshaltung geeignet. Nützlich sind Milch (H-Milch hält deutlich länger!), Naturjoghurt, Crème fraîche oder Schmand, Sahne, Quark, Saure Sahne, Frischkäse, Parmesan, Gouda oder Emmentaler am Stück, Feta und Eier.

Fleisch & Fisch

Räucherlachs und Speck sind im Kühlschrank aufbewahrt bis zu 2 Wochen haltbar. Auch Salami am Stück kann länger aufbewahrt werden. Auch praktisch: Hackfleisch und Hähnchenbrustfilet – portionsweise eingefroren.

Kräuter & Gewürze

Getrocknete Kräuter und Gewürze behalten dunkel und luftdicht verschlossen lange ihr Aroma und können daher super aufbewahrt werden. Nützlich sind beispielsweise Thymian, Oregano, Basilikum, Rosmarin, Lorbeerblätter und Kräuter der Provence. Außerdem: Paprikapulver, Chili, Muskat, Knoblauchpulver, Korianderpulver, Kreuzkümmel, Ras el-Hanout, Kurkuma, Curry und natürlich Salz, Pfeffer und Zucker. Auch tiefgekühlte Kräuter und Gewürze (z. B. Petersilie, Schnittlauch und Dill) sind sehr praktisch. Am aromatischsten und auch länger haltbar sind frische Kräuter im Kräutertöpfchen (z. B. Basilikum, Thymian und Minze). Ebenfalls zum Würzen oft gebraucht: Zitrone(nsaft) und Ingwer.

Gemüse

Ohne Gemüse geht's nicht! Leider sind die meisten Gemüsesorten aber nur begrenzt haltbar. Unproblematisch sind Kartoffeln, Möhren, Kürbis, Zwiebeln und Knoblauch, die kühl, trocken und dunkel mehrere Wochen gelagert werden können. Paprika, Zucchini, Gurke und Aubergine können auch für viele Gerichte verwendet werden, sie sind im Kühlschrank bis zu 1 Woche haltbar. Auch nice-to-have: Tomaten und Avocado – diese aber nicht im Kühlschrank aufbewahren!

EINFRIEREN

➯ So geht's!

Einfrieren ist eine super Möglichkeit, um die Home-Office-Küche noch weiter zu entstressen! Gekaufte Tiefkühlprodukte wie Gemüse, Fleisch oder Fisch lassen sich in der Tiefkühltruhe genauso gut aufbewahren wie Brot auf Vorrat, eingefrorene Lebensmittel, gekochte Essensüberbleibsel oder vorgekochte Gerichte.

Was lässt sich gut einfrieren?

- ☐ Gemüse
- ☐ viele Obstsorten
- ☐ Kräuter
- ☐ Fleisch & Wurst
- ☐ Fisch & Meeresfrüchte
- ☐ Gebäck
- ☐ roher Teig

Tipp

Um Gefrierbrand zu vermeiden, darf möglichst keine Luft an das einzufrierende Lebensmittel kommen. Bei Gefrierbeuteln daher die Luft rausdrücken und den Beutel luftdicht mit einer Klammer verschließen. Boxen mit Frischhaltefolie plus Deckel verschließen.

✗ Gemüse

Gemüse kann gut auf Vorrat eingefroren werden, einige Sorten erfordern aber ein paar Vorarbeiten. Feste Gemüsesorten wie Möhren, Erbsen, Bohnen, Kohlrabi, Kartoffeln, Fenchel und Kohl sollten vor dem Einfrieren kleingeschnippelt und in kochendem Salzwasser blanchiert werden. Danach in Eiswasser abschrecken und gut trocken tupfen – so behält das Gemüse Farbe und Vitamine! Zucchini (in Stücken) und Pilze können roh in den Tiefkühler. Sehr wasserhaltiges Gemüse wie Tomaten, Gurken, Zwiebeln und Radieschen werden durchs Einfrieren schnell matschig und sind daher keine guten Einfrierkandidaten.

✗ Obst

Auch viele Obstsorten können gut eingefroren werden. Äpfel, Birnen und Rhabarber vorher am besten in Stücke schneiden oder pürieren. Beeren am besten zunächst mit etwas Abstand auf einem flachen Teller platzieren und vorfrieren, bevor sie zusammen in einen Gefrierbeutel oder eine Box kommen – so frieren sie nicht zu einem dicken Beerenklumpen zusammen. Steinobst wie Pflaumen, Aprikosen oder Pfirsiche vor dem Einfrieren entsteinen. Sehr wasserhaltiges Gemüse wie Bananen, Weintrauben und Melonen sind im Tiefkühler nicht gut aufgehoben.

✗ Kräuter

Auch Kräuter sind zum Einfrieren gut geeignet. Dazu die Kräuter hacken und in einem Gefrierbeutel oder in einer Box in den Tiefkühler geben. Auch praktisch: Kräuter hacken, in einen Eiswürfelbehälter geben, Wasser draufgießen und zugedeckt in den Tiefkühler stellen – ist das Ganze gefroren, kannst du die Würfel in einen Gefrierbeutel umfüllen und die Kräuterwürfel portionsweise verwenden.

✗ Fleisch & Wurst

Egal ob Geflügel, Rindfleisch, Schweinefleisch, Bratwurst oder Aufschnitt – Fleisch und Wurst lassen sich problemlos einfrieren. Sehr fettes Fleisch ist im Froster aber deutlich kürzer haltbar als mageres, daher vor dem Einfrieren möglichst viel Fettgewebe wegschneiden. Auch Knochen sollten möglichst entfernt werden. Fleisch und Wurst vor der Verwendung langsam im Kühlschrank auftauen lassen!

✗ Fisch

Auch frischer Fisch und frische Meeresfrüchte wie Garnelen lassen sich gut einfrieren – Fisch sowohl filetiert als auch im Ganzen (dann aber vorher ausnehmen). Vor der Verwendung langsam im Kühlschrank auftauen lassen!

✗ Gebäck

Brot, Brötchen und anderes Gebäck (vor allem aus Hefeteig) lassen sich sehr gut tiefkühlen. Auch roher Teig kann super eingefroren werden (z. B. Pizza-Teig, siehe S. 106). Das Gebäck vor der Verwendung kurz etwas antauen lassen, dann im Ofen aufbacken.

✗ Milchprodukte

Milchprodukte sind eher mittelmäßige Einfrierkandidaten – je mehr Fett sie haben, umso eher sind sie geeignet. Mit fetthaltigem Käse oder Butter klappt's super, Milch und Sahne sind eher ungeeignet.

Tipp

Lebensmittel, die du mehrere Monate aufbewahren möchtest, gehören in den Tiefkühlschrank oder ins Tiefkühlfach. Dafür sind mindestens -18 °C vonnöten – das schaffen nur 3- oder 4-Sterne-Geräte. In 1-Sterne-Fächern kannst du Lebensmittel bei etwa -6 °C etwa eine Woche aufbewahren, in 2-Sterne-Fächern bei rund -12 °C 3 Wochen. Bei -18 °C ist Obst und Gemüse 6–12 Monate haltbar, Brot 1–3 Monate, Fleisch 3–12 Monate und Käse 2–4 Monate.

MEAL PREP

Meal Prep liegt voll im Trend! Letztlich verbirgt sich dahinter nichts anderes, als Essen vorzubereiten bzw. vorzukochen. Für die Home-Office-Küche ist Meal Prep ideal und macht dir das Leben garantiert leichter!

Beim Meal Prepping kochst du entweder ein komplettes Gericht vor – für den nächsten Tag oder zum Einfrieren. Oder du bereitest vorab einzelne Komponenten eines Gerichts vor, um das Gericht später ruck, zuck fertig zu haben. So kannst du die Essensvor- bzw. -zubereitung in aller Ruhe machen, wenn du Zeit dazu hast (z. B. abends nach Feierabend oder am Wochenende) und kannst an stressigen Tagen ganz schnell etwas Gesundes auf den Tisch zaubern. Echte Profis kochen gleich für die ganze Woche vor. Wem das zu stressig ist, plant nur für 2 Tage – auch das ist schon unheimlich hilfreich!

Damit es mit dem Meal Prepping problemlos klappt, brauchst du einen Plan! Überleg dir, was du in den nächsten Tagen essen möchtest und schreib auf, was du dafür vorbereiten kannst und welche Schritte du vielleicht zusammenlegen kannst. Planst du beispielsweise Nudeln mit Sauce und Nudelsalat für die gleiche Woche ein, kochst du einfach gleich eine große Portion Nudeln – das spart Zeit und doppelte Arbeit! Zum Auffrischen gibst du die Nudeln einfach in einen Topf, übergießt sie mit kochendem Wasser und lässt sie ein paar Minuten darin ziehen – danach schmecken sie wie frisch gekocht!

Tipp

Gekochte Nudeln und Kartoffeln sind im Kühlschrank bis zu 3 Tage haltbar, gekochter Reis maximal 2 Tage.

Tipp

Aufgefrischte Nudeln kannst du beispielsweise auch wunderbar für die folgenden Gerichte verwenden: Western-Nudelsalat (S. 18), Pilz-Hack-Suppe (S. 62), Minestrone (S. 65), Frühlings-Pasta (S. 72), Sommer-Pasta (S. 78), Brokkoli-Auflauf (S. 96), Vollkorn-Farfalle (S. 100), Zucchini-Fusilli (S. 112), Nudelsaucen (S. 124/125). Hast du Kartoffeln übrig? Prima! Dann zaubere daraus den Kartoffelsalat von S. 14!

Übrigens: Mit Meal Prep kannst du dich auch gut gegen plötzliche Heißhungerattacken wappnen. Vorbereitete Rohkost-Sticks, ein hartgekochtes Ei, gebratene Hähnchenstreifen und andere gesunde Snacks verhindern, dass du bei plötzlich auftretendem Riesenhunger aus der Not heraus zu Süßigkeiten oder Keksen greifst!

Schau dir die Rezepte einfach mal mit „Meal-Prep-Augen" an. Sicherlich findest du noch das ein oder andere, was du vorbreiten kannst und was es dir noch leichter macht!

BUDDHA BOWLS

Bowls sind Gerichte, bei denen verschiedene Zutaten in einer Schüssel mundgerecht zerkleinert angerichtet und serviert werden. Sie sind gut vorzubereiten und lassen sich auch wunderbar aus Resten zaubern.

Der Bowls-Trend ist in den USA aus der Clean-Eating-Bewegung heraus entstanden – klassischerweise kommt in eine Bowl also möglichst Gesundes und Frisches, Fertigprodukte sind ein No-Go! Im besten Fall werden die Bowl-Komponenten so zusammengestellt, dass sie einen ausgewogenen Nährstoff-Mix aus Kohlenhydraten, Eiweißen und gesunden Fetten liefern. Für Vitamine und Mineralstoffe sorgt eine ordentliche Portion Gemüse. Das i-Tüpfelchen ist eine Sauce, ein Dip oder ein Dressing sowie ein leckeres Topping. Letztlich kannst du aber alles in deine Bowl packen, was du möchtest – ok, Currywurst, Pommes und sahniger Krautsalat sollten es vielleicht nicht unbedingt sein …

Bowls sind für die Home-Office-Küche super geeignet, weil sie sich perfekt vorbereiten lassen. Bei unserer Bowl von S. 90 kannst du beispielsweise Salsa, Dressing und Kichererbsen schon problemlos am Abend vorher zubereiten – vor dem Servieren musst du dann nur noch schnell Gurke und Avocado kleinschnippeln und das Fleisch braten.

Stärkebeilagen wie Reis oder Quinoa kannst du in größeren Mengen vorkochen und dann täglich mit neuen Zutaten kombinieren. Für geschmackliche Abwechslung sorgst du, indem du die Zubereitung der Zutaten variierst: mal gebraten, mal püriert, roh, geraspelt oder gewürfelt. Deiner Kreativität sind keine Grenzen gesetzt!

Typische Bowl-Komponenten

- ☐ *Kohlenhydrate:* z. B. Reis, Nudeln, Bulgur, Couscous, Quinoa, Hirse, (Süß-)Kartoffeln
- ☐ *Eiweiß:* z. B. Hülsenfrüchte, Sojaprodukte, Tofu, Hähnchenbrust, Lachs
- ☐ *Gesunde Fette:* z. B. Avocado, Olivenöl, Sesamöl, Mandeln, Nüsse, Kerne
- ☐ *Gemüse:* z. B. Spinat, Grünkohl, Brokkoli, Zucchini, Kürbis, Gurke, Möhre, Tomate
- ☐ *Dressing/Dip:* z. B. Joghurtdressing, Hummus, Guacamole, Chutney, Quark
- ☐ *Toppings:* z. B. Nüsse, Sonnenblumenkerne, Kräuter, Sprossen

Tipp

Bowls sind auch ideale Resteverwerter! Aus diesem Buch sind beispielsweise folgende Gerichte bzw. Komponenten Bowl-tauglich: Kartoffelsalat (S. 14), Couscous mit Halloumi (S. 17), Kichererbsen-Salat (S. 20), Hähnchenbruststreifen und Eier (S. 25), Hackbällchen und Dip (S. 42), Chili (S. 66), Falafel (S. 110), Gemüse-Couscous und Dip (S. 114), Ofengemüse (S. 118) und Ratatouille (S. 120). Auch die Dips von S. 40/41 können je nach Zusammenstellung gut zur Bowl passen.

Köstliche SATTMACHER SALATE

frisch & gesund

Ob Kartoffelsalat mit Speck und Rucola, Couscous-Salat mit Halloumi, bunter Nudelsalat oder Ceasar's Salad – in diesem Kapitel findest du köstliche Salate, die viel mehr sind als schnödes Grünfutter! Sie haben eine große Portion Nährstoffe und Vitamine im Gepäck und machen auf angenehme Weise richtig schön satt!

LOS GEHT'S!

Versüßt jeden Arbeitstag

KARTOFFELSALAT

Zubereitungszeit: ca. 30 Minuten

Pro Portion ca. 410 kcal, 13 g E, 22 g F, 38 g KH

Zutaten

Für 2 Portionen

400 g kleine Kartoffeln (z. B. Drillinge)
Salz
1 Zwiebel
40 g geräucherter Speck
3 Tl Weißweinessig
etwas Ahornsirup
5 Tl Walnussöl
Pfeffer
75 g Rucola
2 Tl gehackte Walnüsse

1. Die Kartoffeln unter fließendem Wasser abbürsten, dann mit Schale in kräftig gesalzenem Wasser ca. 20 Minuten garen.

2. In der Zwischenzeit die Zwiebel schälen, halbieren und in feine Scheiben schneiden. Den Speck fein würfeln und in einer heißen Pfanne ohne Fett kross braten. Herausnehmen und auf Küchenpapier abtropfen lassen. Die Zwiebel in die Pfanne geben und in dem Speckfett glasig dünsten. Beiseitestellen.

3. Für das Dressing Essig mit Ahornsirup und Walnussöl verrühren. Mit Salz und Pfeffer abschmecken. Den Rucola waschen, trocknen und putzen.

4. Die Kartoffeln abgießen und etwas abkühlen lassen. Noch warm halbieren und in eine Schüssel geben. Zwiebel, Speck und Walnüsse dazugeben. Das Dressing darüber gießen und alles gut vermischen. Zum Schluss den Rucola untermischen.

Tipp

Den Salat kannst du auch wunderbar aus übrig gebliebenen Kartoffeln vom Vortag zubereiten!

COUSCOUS-SALAT

Lecker mit Halloumi

Zubereitungszeit: ca. 20 Minuten

Pro Portion ca. 639 kcal, 29 g E, 39 g F, 43 g KH

Zutaten

Für 2 Portionen

100 g Couscous
1 rote Paprikaschote
4 Frühlingszwiebeln
1/3 Gurke
1/2 Bund Petersilie
4 Zweige Minze
3 El Olivenöl
1 El Zitronensaft
Salz
Pfeffer
150 g Halloumi

1. Den Couscous in eine Schüssel geben und mit 150 ml kochendem Wasser übergießen. Zugedeckt etwa 10 Minuten quellen lassen.

2. Inzwischen die Paprikaschote putzen, waschen und klein würfeln. Frühlingszwiebeln waschen, putzen und schräg in Scheiben schneiden. Gurke waschen, vierteln und in Stücke schneiden. Petersilie und Minze waschen, trocken schütteln und fein hacken.

3. Den Couscous mit einer Gabel durchrühren, 1 El Öl und Zitronensaft einrühren. Paprika, Frühlingszwiebeln, Gurke und Kräuter unterrühren. Mit Salz und Pfeffer abschmecken.

4. Den Halloumi in mundgerechte Stücke schneiden. Das restliche Öl in einer Pfanne erhitzen und den Halloumi darin 2–3 Minuten goldbraun braten. Den Couscous-Salat mit dem Halloumi servieren.

Das Besondere an diesem Nudelsalat ist die Sauce: Sie schmeckt nämlich wie die berühmte Big-Mac-Sauce! Zusammen mit kross gebratenem Hack und knackigem Gemüse ein echtes Lieblingsgericht!

WESTERN-NUDELSALAT

Home-Office-Liebling

Zubereitungszeit: ca. 30 Minuten

Pro Portion ca. 1090 kcal/36 g E, 58 g F, 118 g KH

Zutaten

Für 2 Portionen

Für den Salat

250 g Nudeln, z. B. Farfalle
Salz
1 Tl Pflanzenöl
1 kleine Dose Mais (Abtropfgewicht 140 g)
1 rote Paprikaschote
1/2 rote Zwiebel
1 El Olivenöl
150 g gemischtes Hackfleisch
Pfeffer

Für die Sauce

150 g Schmand (20 % Fett)
3 Tl Mayonnaise
1,5 Tl Tomatenmark
1 Tl Senf
1 Tl Aceto balsamico bianco
1 Tl Worcestersauce
1/2 Tl Currypulver
1/2 Tl Paprikapulver
1/2 Tl Knoblauchpulver
Salz
Pfeffer

1. Die Nudeln nach Packungsanweisung in leicht gesalzenem Wasser kochen. Dann abgießen und gut unter kaltem Wasser abspülen. Zurück in den Topf geben und das Pflanzenöl unterrühren, dann in einem Sieb abtropfen lassen.

2. Während die Nudeln kochen, den Mais in einem Sieb abtropfen lassen. Paprika putzen, waschen und fein würfeln. Zwiebel schälen und ebenfalls fein würfeln.

3. Das Olivenöl in einer Pfanne erhitzen und das Hackfleisch darin unter Rühren scharf anbraten, bis es schön kross und krümelig ist. Salzen und pfeffern, dann auf Küchenkrepp abtropfen lassen.

4. Für die Sauce alle Zutaten in eine Schüssel geben und gründlich verrühren. Mit Salz und Pfeffer abschmecken.

5. Nudeln, Mais, Paprika, Zwiebeln und Hackfleisch in eine Schüssel geben. Die Sauce dazugeben und alles gut vermischen.

Tipp

Wenn du gleich ein paar Nudeln mehr kochst, kannst du daraus später ruck, zuck eins der im Tipp auf S. 10 aufgeführten Gerichte zubereiten!

Tipp

Der Salat schmeckt am nächsten Tag mindestens genauso gut – dann ist er nämlich richtig schön durchgezogen!

KICHERERBSEN-SALAT

Zubereitungszeit: ca. 20 Minuten

Pro Portion ca. 165 kcal, 8 g E, 5 g F, 20 g KH

Zutaten

Für 2 Portionen

180 g Kichererbsen (aus der Dose)
1/2 grüne Paprikaschote
1/2 rote Chilischote
1/2 rote Zwiebel
1/2 Bund glatte Petersilie
1 Tl Weißweinessig
1 Tl Olivenöl
1 Tl Zitronensaft
Salz

1. Die Kichererbsen in einem Sieb gründlich abspülen und abtropfen lassen. Paprika und Chili putzen, waschen und klein würfeln. Zwiebel schälen und in Streifen schneiden. Petersilie waschen, trocken schütteln und grob hacken.

2. Für das Dressing Essig mit Olivenöl und Zitronensaft verrühren. Mit Salz abschmecken. Alle Salatzutaten in einer Schüssel vermengen. Das Dressing dazugeben und alles gut vermischen.

Gurkensalat mal anders: mediterran angehaucht mit Feta und mit frischer Orangennote! Die Kürbiskerne liefern Energie, machen lange satt und gelten als Stimmungsaufheller – ideal für nervige Arbeitstage!

GURKENSALAT

Zubereitungszeit: ca. 20 Minuten

Pro Portion ca. 286 kcal, 17 g E, 22 g F, 6 g KH

Zutaten

Für 2 Portionen

20 g Kürbiskerne
1 Salatgurke
150 g Feta
1 unbehandelte Orange
1 Tl Olivenöl
1 Tl Weinessig
15 g Zwiebelsprossen
Salz
Pfeffer

1. Die Kürbiskerne in einer Pfanne ohne Fett anrösten, dann auf einem Teller abkühlen lassen. Gurke waschen, putzen und in sehr dünne Scheiben schneiden. Feta in Würfel schneiden.

2. Die Orange waschen und trocken reiben. Eine Hälfte auspressen und den Saft mit Olivenöl und Essig zu einer Vinaigrette verrühren. Die andere Orangenhälfte in Spalten schneiden und beiseitestellen.

3. Kürbiskerne, Gurke, Feta und Zwiebelsprossen in eine Schüssel geben. Die Vinaigrette dazugeben und alles gut vermischen. Mit Salz und Pfeffer abschmecken. Mit Orangenspalten garniert servieren.

Macht richtig schön satt

BROTSALAT

Zubereitungszeit: ca. 25 Minuten

Pro Portion ca. 447 kcal, 12 g E, 33 g F, 27 g KH

Zutaten

Für 2 Portionen

2 mittelgroße Tomaten
1/2 Gurke
1 Frühlingszwiebel
100 g weiße Bohnen (aus dem Glas)
50 g grüne Oliven (entsteint)
1 Knoblauchzehe
4 dicke Scheiben Baguette
5 El Olivenöl
Salz
Pfeffer
2 El Weißweinessig
20 g Parmesanspäne
8 Basilikumblättchen

1. Tomaten waschen, halbieren, den Stielansatz herausschneiden und würfeln. Gurke waschen, längs vierteln und in Scheiben schneiden. Frühlingszwiebel waschen, putzen und schräg in Scheiben schneiden. Bohnen und Oliven in einem Sieb abtropfen lassen. Knoblauch schälen und hacken.

2. Das Baguette in grobe Würfel schneiden. In einer Pfanne 2 El Olivenöl erhitzen und die Brotwürfel darin zusammen mit dem Knoblauch bei mittlerer Hitze goldbraun braten. Mit Salz und Pfeffer würzen.

3. Das restliche Öl mit dem Essig und etwas Salz und Pfeffer verrühren. Tomaten, Gurke, Frühlingszwiebel, Bohnen, Oliven und Brot in eine Schüssel geben. Das Dressing dazugeben und alles gut vermischen. Mit Salz und Pfeffer abschmecken und mit Parmesan und Basilikum bestreut servieren.

Tipp

Falls du doch spontan mal ins Büro musst, kannst du diesen Salat auch prima mitnehmen! Dazu zuerst die Salatzutaten in ein Glas füllen, dann Brotwürfel, Parmesan und Basilikum daraufgeben. Das Dressing separat aufbewahren. Zum Servieren alles vorsichtig vermischen.

Diesen Salat kannst du super am Vorabend vorbereiten: Hähnchen braten, Eier kochen, Parmesan hobeln – der Rest ist dann am nächsten Tag ruck, zuck gemacht. Ideal, wenn der nächste Tag besonders stressig wird!

CEASAR'S SALAD

Gibt ordentlich Power

Zubereitungszeit: ca. 40 Minuten

Pro Portion ca. 494 kcal, 39 g E, 34 g F, 6 g KH

Zutaten

Für 2 Portionen

200 g Hähnchenbrustfilet
1 El Rapsöl
2 Eier
2 Salatherzen
60 g Cocktailtomaten
30 g Parmesan
40 g Mayonnaise
40 g Naturjoghurt
1 Tl Zitronensaft
1 El Worcestersauce
1 Tl milder Senf

1. Das Fleisch waschen und trocken tupfen. Das Öl in einer beschichteten Pfanne erhitzen und das Fleisch darin von beiden Seiten je 2 Minuten scharf anbraten, danach von jeder Seite noch 4 Minuten bei mittlerer Hitze gar ziehen lassen.

2. Inzwischen die Eier hart kochen, dann abgießen und in kaltem Wasser auskühlen lassen. Salat waschen, längs halbieren, den Strunk entfernen und quer in feine Streifen schneiden. Die Tomaten waschen und halbieren. Den Parmesan mit dem Sparschäler in dünne Scheiben hobeln.

3. Für das Dressing Mayonnaise, Joghurt, Zitronensaft, Worcestersauce und Senf gut miteinander verrühren.

4. Die Hähnchenbrust quer in ½ cm dicke Streifen schneiden. Die Eier pellen und in Scheiben schneiden. Den Salat auf zwei tiefe Teller verteilen, Tomaten, Hähnchen und Eier darauf verteilen, mit dem Dressing beträufeln und den Parmesan darüber streuen.

Tipp

Wenn dir das Fleisch zu viel ist, heb ein paar Streifen auf und verwende sie am nächsten Tag statt Putenbrust für das Sandwich von S. 33!

THUNFISCH-SALAT

mit weißen Bohnen und Tomaten

Zubereitungszeit: ca. 25 Minuten (plus Ziehzeit)

Pro Portion ca. 831 kcal, 51 g E, 34 g F, 78 g KH

Zutaten

Für 2 Portionen

2 El Zitronensaft
etwas Agavendicksaft
Salz
Pfeffer
3 El Olivenöl
1/2 Bund Basilikum
400 g weiße Bohnen (aus dem Glas)
1 Dose Thunfisch ohne Öl (140 g)
1 rote Zwiebel
200 g Kirschtomaten

1. Für das Dressing Zitronensaft mit Agavendicksaft und etwas Salz und Pfeffer verrühren. Das Olivenöl kräftig darunterschlagen. Basilikum waschen, trocken schütteln, grob hacken und in das Dressing rühren.

2. Die Bohnen in einem Sieb mit kaltem Wasser abspülen und abtropfen lassen. Thunfisch abtropfen lassen, dann mit einer Gabel zerpflücken. Zwiebel schälen und in dünne Ringe schneiden. Tomaten waschen und halbieren.

3. Bohnen, Thunfisch, Zwiebeln und Tomaten in eine Schüssel geben. Das Dressing dazugeben und alles gut vermischen. Den Salat vor dem Servieren mindestens 15 Minuten durchziehen lassen, danach noch einmal mit Salz und Pfeffer abschmecken.

Leckere

SNACKS & SANDWICHES

für den kleinen Hunger

Ob schnelle Snacks und Sandwiches, leckere Dips und Aufstriche, Power-Riegel oder Getränke – manchmal reicht zwischendurch eine kleine Stärkung, um neue Energie und Kraft für den restlichen Arbeitstag zu tanken. Und wenn diese dann noch sooooo lecker schmeckt, ist der Tag gerettet!

LOS GEHT'S!

LIEBLINGSWRAPS

Gefüllt mit Räucherlachs

Zubereitungszeit: ca. 25 Minuten

Pro Portion ca. 327 kcal, 23 g E, 12 g F, 30 g KH

Zutaten

Für 2 Portionen

Für die Creme

1/2 Bund Dill
100 g Frischkäse
50 g saure Sahne
Salz
Pfeffer
1 El Zitronensaft

Für die Füllung

1/4 Gurke
1/4 Bund Radieschen
4 Blätter Kopfsalat oder Eichblattsalat
100 g Räucherlachs

Außerdem

2 Wraps (Weizenfladen, ca. 25 cm Ø)

1. Für die Creme Dill waschen, trocken schütteln, die Blätter abzupfen und fein hacken. Mit Frischkäse und saurer Sahne in einer Schüssel verrühren. Mit Salz, Pfeffer und Zitronensaft abschmecken.

2. Gurke waschen, putzen und längs halbieren. Mit einem Löffel die Kerne herauskratzen. Gurke in möglichst dünne Scheiben schneiden. Radieschen waschen, Blätter und Wurzelenden abschneiden und ebenfalls in dünne Scheibchen schneiden. Salat waschen und trocken schütteln. Lachs in Stücke schneiden.

3. Die Wraps ausbreiten und mit Dillcreme bestreichen. Jeweils 2 Salatblätter und 50 g Lachs drauflegen. Gurken und Radieschen darauf verteilen, dabei den Rand aussparen. Das untere Ende vom Wrap ein Stück nach oben einklappen und die beiden Seiten nach innen einschlagen, dann den Wrap von unten nach oben aufrollen.

Tipp

Auch lecker mit Pulled Lachs statt Räucherlachs: Dazu 1 Lachsfilet à 100 g salzen und pfeffern, dann im vorgeheizten Ofen bei 80 °C ca. 25 Minuten sanft garen. Danach auf ein Brett geben und mithilfe zweier Gabeln in kleine Stücke zerrupfen.

THUNFISCH-SANDWICH

Zubereitungszeit: ca. 10 Minuten

Pro Portion ca. 274 kcal, 16 g E, 6 g F, 38 g KH

Zutaten

Für 1 Portion

60 g Artischockenherzen ohne Öl (aus dem Glas)

1/2 Tl Kapern

2 Scheiben Roggenbrot

25 g Quark

Salz

Pfeffer

30 g Thunfisch ohne Öl

1 Tl Kresseblättchen

1. Artischockenherzen abtropfen lassen und vierteln. Kapern abtropfen lassen und grob hacken. 1 Scheibe Roggenbrot mit Quark bestreichen und mit Salz und Pfeffer würzen.

2. Artischocken, Kapern und Thunfisch darauf verteilen. Die Kresse darüberstreuen und die zweite Brotscheibe auflegen.

Dieses Vollkornbrötchen mit Putenbrust ist ideal, um mit Power in den Arbeitstag zu starten – aber auch als Snack für zwischendurch ist es perfekt! Es hält lange satt und versorgt den Körper gleichmäßig mit Energie.

PUTEN-SANDWICH

Zubereitungszeit: ca. 20 Minuten

Pro Portion ca. 204 kcal, 13 g E, 6 g F, 23 g KH

Zutaten

Für 1 Portion

1/2 Zucchini
1 El Olivenöl
Salz
Pfeffer
15 g Rucola
1 Vollkornbrötchen
1 El Hüttenkäse (körniger Frischkäse)
25 g geräucherte Putenbrust

Tipp

Gebratene Hähnchenbrust übrig (z. B. vom Ceasar's Salad von S. 25)? Dann nimm diese anstelle der Putenbrust für das Sandwich. Schmeckt auch super!

1. Zucchini waschen, putzen und längs in dünne Scheiben schneiden. In einer Pfanne das Öl erhitzen und die Zucchinischeiben von beiden Seiten 2–3 Minuten anbraten. Salzen und pfeffern.

2. Rucola waschen, trocken schütteln, verlesen und in mundgerechte Stücke zupfen. Das Brötchen längs halbieren und jede Seite mit Hüttenkäse bestreichen. Die Putenbrust in dünne Scheiben schneiden. Die untere Brötchenhälfte mit Zucchinischeiben und Putenbrust belegen. Rucola darauf verteilen und die andere Brötchenhälfte auflegen.

Mit Avocado und spicy Salsa

FLADENBROT-TASCHE

Zubereitungszeit: ca. 20 Minuten

Pro Portion ca. 268 kcal, 13 g E, 9 g F, 32 g KH

Zutaten

Für 1 Portion

1 Tomate
1/4 rote Zwiebel
1/8 rote Chilischote
1 Stängel Basilikum
50 g Hüttenkäse (körniger Frischkäse)
Salz
Pfeffer
2 Salatblätter (z. B. Romanasalat oder Frisée)
1/4 Avocado
Saft von 1/2 Limette
1 Pitabrot-Tasche

1. Für die Salsa Tomate waschen, halbieren, Stielansatz entfernen und klein würfeln. Zwiebel schälen und fein hacken. Chili waschen, putzen und fein hacken. Basilikum waschen, trocken schütteln und fein hacken. Alles in einer Schüssel mit dem Hüttenkäse verrühren und mit Salz und Pfeffer abschmecken.

2. Für die Füllung die Salatblätter waschen und trocken schütteln. Die Avocado halbieren, den Kern entfernen und das Fruchtfleisch mithilfe eines Löffels herauslösen. In Scheiben schneiden und mit dem Limettensaft beträufeln.

3. Die Pitatasche auf dem Toaster oder im Ofen rösten. Die Tasche mit den Salatblättern auskleiden. Avocadoscheiben und Salsa darauf verteilen. Sofort servieren.

Tipp

Avocado hat zwar viel Fett, ist aber trotzdem supergesund. Sie punktet mit einem Mineral- und Vitamin-Cocktail und hilft, Heißhungerattacken zu vermeiden.

ROASTBEEF-SANDWICH

Zubereitungszeit: ca. 15 Minuten

Pro Portion ca. 203 kcal, 20 g E, 3 g F, 22 g KH

Zutaten

Für 1 Portion

1/8 Gurke
10 g Rucola
1 Vollkornbrötchen
1 Tl Dijonsenf
50 g Roastbeef-Scheiben
1 Tl frisch geriebener Meerrettich
Salz
Pfeffer

Gurke waschen, putzen und in dünne Scheiben schneiden. Rucola waschen, trocken schütteln, verlesen und in mundgerechte Stücke teilen. Das Brötchen längs halbieren. Die untere Hälfte mit Senf bestreichen. Mit Roastbeef, Gurke und Rucola belegen und mit Meerrettich bestreuen. Mit Salz und Pfeffer würzen und die andere Brötchenhälfte auflegen.

Tipp

Rindfleisch ist reich an hochwertigem Eiweiß, enthält aber auch viele B-Vitamine – super für die grauen Zellen!

Knuspriges Toastbrot, saftiges Rührei, krosser Bacon, geschmolzener Käse und Tomate – diese gefüllten Toast-Ecken lassen wirklich keine Wünsche offen und sorgen für einen kleinen Glücksmoment im stressigen Alltag!

TOAST-ECKEN

Zubereitungszeit: ca. 25 Minuten

Pro Portion ca. 480 kcal, 24 g E, 26 g F, 35 g KH

Zutaten

Für 1 Portion

2 Scheiben Bacon
1/2 Tomate
1 Ei
3 Tl Milch
Salz
Pfeffer
1 Tl Butter
2 Scheiben Sandwich-Toast
1 Tl süßer Senf
1 Tl gehackter Schnittlauch
1 Scheibe Gouda

1. Den Backofen auf 170 °C vorheizen. Ein Backblech mit Backpapier belegen. Bacon in einer Pfanne ohne Fett leicht kross anbraten, dann auf Küchenkrepp abtropfen lassen. Tomate waschen, Stielansatz rausschneiden und in dünne Scheiben schneiden.

2. Für das Rührei Ei mit Milch verquirlen, salzen und pfeffern. Butter in einer Pfanne bei mittlerer Hitze schmelzen, die Eimasse hineingeben und unter Rühren stocken lassen.

3. Das Brot toasten. 1 Brotscheibe mit Senf bestreichen. Tomaten, Rührei, Bacon, Schnittlauch und Käse darauf verteilen. Die andere Toastscheibe auflegen und leicht andrücken. Das Sandwich im Ofen 5–10 Minuten rösten, bis der Käse geschmolzen ist. Halbieren und servieren.

Toast Hawaii, ergänzt um ein saftiges Hack-Patty und fruchtigen Preiselbeerschmand – wir haben den kultigen Klassiker ein wenig aufgepimpt! Danach kann dich garantiert nichts mehr aus der Ruhe bringen!

TOAST HAWAII 2.0

mit saftigem Hack-Patty

Zubereitungszeit: ca. 25 Minuten

Pro Portion ca. 666 kcal, 36 g E, 44 g F, 32 g KH

Zutaten

Für 1 Portion

1 Tl Preiselbeeren
2 El Schmand
1/2 Scheibe Kochschinken
1 Salatblatt
100 g Hackfleisch vom Rind
Salz
Pfeffer
1 El Butterschmalz
1 Scheibe Toast
1 Scheibe Ananas (aus der Dose)
1 Scheibe Gouda (40 g)
Preiselbeeren zum Garnieren

1. Den Backofen auf 180 °C Umluft vorheizen. Ein Backblech mit Backpapier auslegen. Preiselbeeren mit Schmand zu einer Creme verrühren. Schinken und Salat in feine Streifen schneiden und vermischen.

2. Das Hackfleisch salzen und pfeffern, dann einen flachen Patty daraus formen. Butterschmalz in einer Pfanne erhitzen und das Patty darin bei starker Hitze von beiden Seiten je ca. 3 Minuten braten.

3. Die Toastscheibe mit der Schmand-Creme bestreichen. Die Salat-/Schinkenstreifen darauf verteilen. Patty und die abgetropfte Ananasscheibe darauflegen. Mit Gouda bedecken.

4. Das Hawaii-Toast mehrere Minuten im Ofen überbacken, bis der Käse goldgelb geschmolzen ist. Mit Preiselbeeren garnieren und sofort genießen.

Tipp

Mach gleich die doppelte Menge Creme und brat zwei Hackfleisch-Pattys – dann kannst du dir am nächsten Tag ganz schnell noch einen Toast zusammenbasteln!

Aufstriche und Dips verwandeln Brot und Brötchen ruck, zuck in köstliche Snacks. Auch zu Gemüsesticks schmecken sie super. Da sie sich im Kühlschrank mehrere Tage halten, kannst du sie gut auf Vorrat machen. So bist du immer gut gerüstet!

AUFSTRICHE & DIPS

Kichererbsen-Dip

Zubereitungszeit: ca. 10 Minuten

Pro Portion ca. 180 kcal, 9 g E, 4 g F, 25 g KH

Für 2 Portionen

200 g Kichererbsen (aus der Dose) • 1/2 rote Chilischote • 2 Zweige frischer Koriander • 1/2 Tl Ras el-Hanout • 1 El Zitronensaft • Salz

Die Kichererbsen in einem Sieb gründlich abspülen und abtropfen lassen. Chili waschen, putzen und entkernen. Koriander waschen, trocken schütteln und grob zerkleinern. Alles zusammen mit Ras el-Hanout, Zitronensaft und 35 ml Wasser im Standmixer fein pürieren. Mit Salz abschmecken. Bis zum Servieren kühl stellen.

Avocado-Aufstrich

Zubereitungszeit: ca. 10 Minuten

Pro Portion ca. 284 kcal, 5 g E, 27 g F, 5 g KH

Für 2 Portionen

1 reife Avocado • 100 g Frischkäse • 1 El Limettensaft • Salz • Pfeffer

Avocado halbieren und den Kern entfernen. Das Fruchtfleisch aus der Schale löffeln und in ein hohes Gefäß geben. Frischkäse und Limettensaft hinzugeben. Alles mit einem Pürierstab cremig mixen. Mit Salz und Pfeffer abschmecken. Bis zum Servieren kühl stellen.

Hähnchen-Curry-Dip

Zubereitungszeit: ca. 15 Minuten
Pro Portion ca. 271 kcal, 19 g E, 20 g F, 4 g KH

Für 2 Portionen
1/2 Knoblauchzehe • 1 Stück frischer Ingwer (ca. 1 cm) • 100 g gegartes Hähnchenbrustfilet ohne Haut • 25 g Schmand • 100 g Frischkäse • 1 Tl Erdnussbutter • 1 Tl Curry • Salz • Pfeffer

Knoblauch und Ingwer schälen und fein hacken. Das Fleisch in kleine Würfel schneiden. Alles zusammen mit dem Schmand in einen Standmixer geben und pürieren. Frischkäse, Erdnussbutter und Curry zugeben. Alles erneut pürieren, dann mit Salz und Pfeffer abschmecken. Bis zum Servieren kühl stellen.

Feta-Aufstrich

Zubereitungszeit: ca. 10 Minuten
Pro Portion ca. 255 kcal, 10 g E, 23 g F, 2 g KH

Für 2 Portionen
1/2 Schalotte • 1/4 Knoblauchzehe • 10 g getrocknete Tomaten in Öl • 75 g Feta • 75 g Frischkäse • Salz • Pfeffer • getrocknete Kräuter der Provence

Schalotte und Knoblauch schälen. Schalotte sehr fein hacken und in ein hohes Püriergefäß geben. Knoblauch hinzupressen. Tomaten fein hacken und mit Feta und Frischkäse ebenfalls dazugeben. Alles mit dem Pürierstab zu einer cremigen Paste mischen. Mit Salz, Pfeffer und den Kräutern abschmecken. Bis zum Servieren kühl stellen.

Die Frikadelle mit ordentlich Senf vom Imbiss hat gewiss was für sich – es geht aber noch besser! Unsere Hackbällchen bringen Exotik ins Home-Office. Kombiniert mit frischem Salat und Minz-Dip einfach zum Reinlegen!

ORIENT-HACKBÄLLCHEN

mit Salat und Minz-Dip

Zubereitungszeit: ca. 50 Minuten

Pro Portion ca. 450 kcal, 29 g E, 33 g F, 9 g KH

Zutaten

Für 2 Portionen

Für den Salat

1/4 rote Paprikaschote
1/4 Salatgurke
1 Tomate
1/2 Romanasalatherz
1 El Olivenöl
1/2 El Zitronensaft
Salz • Pfeffer
2 Stängel Petersilie, fein gehackt

Für die Hackbällchen

1/2 rote Zwiebel
1/2 Knoblauchzehe
250 g Lamm- oder Rinderhack
1/4 Tl Kreuzkümmel
1/4 Tl Harissapaste
Salz • Pfeffer • 1 El Olivenöl

Für den Dip

200 g Joghurt
1/2 Knoblauchzehe
1/2 Tl Olivenöl
1/2 El Zitronensaft
2 Stängel Minze, fein gehackt
1/4 Tl Kreuzkümmel
Salz • Pfeffer • Zucker

1. Für den Salat Paprika, Gurke und Tomate waschen, putzen und in kleine Würfel schneiden. Den Salat waschen, putzen und in feine Streifen schneiden. Öl mit Zitronensaft in einer großen Schüssel zu einem Dressing verrühren. Mit Salz und Pfeffer abschmecken. Die vorbereiteten Zutaten und die Petersilie dazugeben und alles gut vermischen. Den Salat bis zum Servieren abgedeckt im Kühlschrank marinieren lassen (wenn der Salat schon am Vorabend zubereitet wird, das Dressing separat aufbewahren und erst am nächsten Tag untermischen).

2. Für die Hackbällchen Zwiebel schälen und fein würfeln, Knoblauch schälen und fein hacken. Beides mit Hackfleisch, Kreuzkümmel, Harissa und etwas Salz und Pfeffer in eine Schüssel geben und mit den Händen gut vermengen, dann aus der Masse ca. 8 Bällchen formen. Das Olivenöl in einer Pfanne erhitzen und die Hackbällchen darin 5–6 Minuten rundherum scharf anbraten, dann bei mittlerer Hitze 5–6 Minuten fertig braten. Dabei immer wieder die Pfanne schwenken. Aus der Pfanne nehmen und auf Küchenkrepp abtropfen lassen.

3. In der Zwischenzeit für den Minz-Dip den Joghurt in eine Schüssel geben. Knoblauch schälen und dazupressen. Die anderen Zutaten dazugeben und alles gründlich miteinander verrühren. Mit Salz, Pfeffer und 1 Prise Zucker abschmecken. Den Dip zu Hackbällchen und Salat servieren.

Tipp

Dieses Gericht ist etwas zeitaufwendiger, lässt sich aber prima entzerren, indem du z. B. Dip und Salat schon am Vorabend zubereitest. Auch die Hackbällchen können schon vorher gebraten werden – sie schmecken nämlich auch kalt wunderbar. Und bei ganz wenig Zeit lässt du den Salat einfach weg und machst stattdessen flott ein paar Möhren- oder Paprikasticks.

MÖHREN-MUFFINS

Mediterran mit Feta

Zubereitungszeit: ca. 20 Minuten (plus Backzeit)
Pro Portion ca. 223 kcal, 8 g E, 17 g F, 9 g KH

Zutaten

Für 6 Stück
50 g Schafskäse
1/2 Bund Schnittlauch
170 g Möhren
75 g Dinkelmehl
1 Ei
50 g gemahlene Haselnüsse
1 Tl Backpulver
1/4 Tl Salz
80 ml Milch
20 ml Olivenöl
15 g Kürbiskerne

1. Den Backofen auf 180 °C vorheizen. Ein Muffinblech mit 6 Papierförmchen auskleiden. Den Schafskäse klein würfeln. Den Schnittlauch waschen, trocken schütteln und in feine Röllchen schneiden.

2. Die Möhren putzen, schälen und fein raspeln. Die Möhrenraspel etwas ausdrücken, dann in einer großen Schüssel mit Mehl, Ei, Haselnüssen, Backpulver und Salz vermengen. Milch und Olivenöl hinzugeben und alles zu einem geschmeidigen Teig verrühren.

3. Schafskäse, Schnittlauch und Kürbiskerne unter den Teig heben. Den Teig auf die 6 Muffinförmchen verteilen und die Muffins 30–35 Minuten backen.

Tipp

Die Muffins schmecken warm und kalt – du kannst sie also auch noch gut am nächsten Tag essen. Oder du frierst sie auf Vorrat ein!

Schoki, Kekse & Co. – die süßen Versuchungen im Home-Office sind groß! Mit diesen Riegeln behältst du die Kontrolle. Sie haben zwar auch ein paar Kalorien, liefern aber auch jede Menge Energie und machen satt.

POWER-RIEGEL

Nuss-Happen

Zubereitungszeit: ca. 20 Minuten

Pro Stück ca. 57 kcal, 1 g E, 3 g F, 5 g KH

Für 12 Stück

20 g Walnüsse • 15 g Pecannüsse • 25 g Haselnüsse • 60 g getrocknete Aprikosen • 25 g getrocknete Pflaumen • 15 g gepuffter Amaranth • 15 g feinblättrige Hafervollkornflocken

Nüsse klein hacken. Trockenfrüchte im Standmixer klein pürieren. Alle Zutaten, bis auf 5 g gepufften Amaranth, gründlich verkneten. Die Masse in eine kleine Auflaufform füllen, mit Frischhaltefolie bedecken und fest andrücken, sodass eine Höhe von ca. 2 cm entsteht. In ca. 2 x 4 cm lange Stücke schneiden und im restlichen Amaranth wälzen.

Cranberry-Riegel

Zubereitungszeit: ca. 10 Minuten

Pro Stück ca. 176 kcal, 5 g E, 8 g F, 21 g KH

Für 5 Stück

20 g getrocknete Cranberrys • 20 g Haselnusskerne • 30 g Kürbiskerne • 50 g getrocknete Feigen • 50 g getrocknete Aprikosen • 50 g Haferflocken • 15 g Sesam

Cranberrys, Haselnüsse und Kürbiskerne grob hacken. Feigen und Aprikosen in einem Standmixer pürieren. Alle anderen Zutaten, bis auf den Sesam, hinzufügen und alles vorsichtig miteinander vermengen. Die Masse zu 5 Riegeln formen und fest zusammendrücken. In Sesam wenden.

Kokos-Riegel

Zubereitungszeit: ca. 20 Minuten (plus Kühlzeit)
Pro Stück ca. 197 kcal, 4 g E, 12 g F, 18 g KH

Für 4 Stück

100 g getrocknete und entsteinte Datteln • 50 g ganze Mandeln • 30 g Kokoschips • 1 Tl natives Kokosöl

Alle Zutaten zusammen im Blitzhacker so lange hacken, bis eine teigähnliche Masse entsteht. Eine kleine Plastikdose oder Auflaufform mit Frischhaltefolie auslegen, die Masse etwa 1 cm hoch darin verteilen und fest andrücken. Mit Folie abdecken und im Kühlschrank fest werden lassen. Die Masse in Riegel schneiden.

Tipp

Die Power-Riegel sind kühl aufbewahrt etwa 1 Woche haltbar.

Müsli-Riegel

Zubereitungszeit: ca. 20 Minuten (plus Trockenzeit)
Pro Stück ca. 287 kcal, 7 g E, 15 g F, 29 g KH

Für 6 Stück

50 g Walnüsse • 50 g Erdnüsse • 20 g Mandeln • 70 g getrocknete Mangostreifen • 150 g getrocknete Feigen • 1 El Haferflocken • 1 El Hirseflocken • 1 El Zitronensaft • 15 g Kokosblütenzucker • 1 El weißes Mandelmus

Nüsse, Mandeln und Mangostreifen grob hacken. Feigen pürieren, dann mit allen weiteren Zutaten gründlich verkneten. Die Masse auf einer glatten Arbeitsfläche ca. 1,5 cm hoch ausrollen, sodass ein Rechteck à ca. 24 x 8 cm entsteht. In 6 Riegel teilen und diese mindestens 8 Stunden im Dörrautomaten bei ca. 40 °C trocknen. Alternativ im Backofen bei 40 °C Umluft trocknen, dabei den Ofen einen Spalt geöffnet lassen.

Um Heißhungerattacken zu vermeiden, sind gesunde Smoothies und Shakes optimal – und für den großen Durst gibt's Eistee und aromatisiertes Wasser. So lässt du Cola und Kaffee ganz locker stehen!

POWER-DRINKS

Spinat-Smoothie

Zubereitungszeit: ca. 15 Minuten

Pro Portion ca. 129 kcal, 2 g E, 3 g F, 21 g KH

Für 1 Portion

40 g Babyspinat • 1 Kiwi • 1/8 Avocado • 100 ml Birnensaft ohne Zuckerzusatz • 100 ml stilles Mineralwasser

Spinat waschen und verlesen. Kiwi schälen und in grobe Stücke schneiden. Das Fruchtfleisch der Avocado mit einem Löffel aus der Schale lösen. Alles zusammen mit dem Birnensaft und dem Mineralwasser in einen Standmixer geben und ca. 20 Sekunden pürieren. Sofort genießen.

Kefir-Beeren-Shake

Zubereitungszeit: ca. 10 Minuten

Pro Portion ca. 76 kcal, 4 g E, 1 g F, 10 g KH

Für 1 Portion

50 g Blaubeeren • 50 g Himbeeren • 100 g Kefir • 2 Eiswürfel • 50 ml stilles Mineralwasser

Die Beeren verlesen, waschen und vorsichtig trocken tupfen. Zusammen mit den restlichen Zutaten in einen Standmixer geben und fein pürieren. Sofort genießen.

Eistee

Zubereitungszeit: ca. 10 Minuten (plus Abkühlzeit)
Pro Portion ca. 9 kcal, 0 g E, 0 g F, 2 g KH

Für ca. 1 Liter
2 Beutel grüner Tee • 4 unbehandelte Limetten • 2 El Agavendicksaft • 10 Eiswürfel • 500 ml kohlensäurehaltiges Mineralwasser

500 ml Wasser aufkochen, 1–2 Minuten abkühlen lassen, dann die Teebeutel damit übergießen. Den Tee 2 Minuten ziehen lassen, die Beutel entfernen und im Kühlschrank kalt werden lassen. Inzwischen die Limetten waschen, 2 Limetten auspressen, die anderen vierteln. Den grünen Tee mit Limettensaft und -vierteln, Agavendicksaft und Eiswürfeln in ein großes Gefäß füllen, umrühren und mit Mineralwasser auffüllen.

Infused Water

Zubereitungszeit: ca. 10 Minuten (plus Ziehzeit)
Pro Portion ca. 6 kcal, 0 g E, 0 g F, 0 g KH

Für ca. 1 Liter
2 unbehandelte Feigen • 1 unbehandelte (Blut-)Orange • 1 unbehandelte Nektarine • 1 Zimtstange • 1 l Mineral- oder Leitungswasser

Das Obst gründlich waschen. Feigen in Stücke schneiden. Orange in Scheiben schneiden. Nektarine in Spalten schneiden. Alles zusammen mit der Zimtstange in ein verschließbares Gefäß geben und mit dem Wasser auffüllen. Das Gefäß verschließen und das Feigen-Orangen-Wasser über Nacht im Kühlschrank durchziehen lassen.

Tipp

Auch eine leckere Kombination: Zitronenscheiben, Gurkenstücke und Minze!

Sättigende

SUPPEN & EINTÖPFE

lecker & superpraktisch

Ob als kleiner Snack für zwischendurch oder als vollwertige Mahlzeit bei richtig großem Hunger – Suppen und Eintöpfe sind wahre Multitalente in der Home-Office-Küche! Sie sind schnell gemacht, lassen sich gut auf Vorrat kochen und schmecken aufgewärmt gleich noch mal so lecker.

LOS GEHT'S!

KÜRBISSUPPE

mit Süßkartoffeln und Hack

Zubereitungszeit: ca. 40 Minuten

Pro Portion ca. 900 kcal, 53 g E, 53 g F, 52 g KH

Zutaten

Für 2 Portionen

300 g Hokkaido-Kürbis
1 Süßkartoffel
1 Zwiebel
2 El Olivenöl
1 Tl Kurkuma
900 ml Hühnerbrühe
1 Knoblauchzehe
200 g Hackfleisch vom Rind
1/2 Tl Kreuzkümmel
Salz
Pfeffer
150 g griechischer Joghurt
gehackte Petersilie zum Bestreuen

1. Kürbis waschen, putzen, halbieren, die Kerne entfernen, dann in Würfel schneiden. Süßkartoffel waschen, schälen und ebenfalls würfeln. Zwiebel schälen und klein hacken. Die Hälfte des Olivenöls in einem Topf erhitzen und die Zwiebel darin glasig dünsten. Süßkartoffelwürfel, Kürbiswürfel und Kurkuma dazugeben und ca. 5 Minuten anbraten. Die Brühe dazugießen, alles kurz aufkochen lassen, dann bei schwacher Hitze mit geschlossenem Deckel ca. 15 Minuten köcheln lassen.

2. Inzwischen den Knoblauch schälen und fein hacken. Das restliche Olivenöl in einer Pfanne erhitzen. Den Knoblauch darin kurz anschwitzen, dann die Hitze erhöhen, das Hackfleisch zugeben und braten, bis es krümelig ist. Kurz vor Ende der Bratzeit den Kreuzkümmel dazugeben. Zum Schluss mit Salz und Pfeffer abschmecken, dann auf Küchenkrepp abtropfen lassen.

3. Wenn das Gemüse weich ist, den Topf vom Herd nehmen und die Suppe pürieren. Mit Salz und Pfeffer abschmecken. Die Suppe mit etwas von der Hack-Einlage anrichten. Mit einem Klecks griechischem Joghurt und mit Petersilie bestreut servieren.

Zwei Fliegen MIT EINER KLAPPE

TOMATENSUPPE

Tomatensuppe ist ideal für die Home-Office-Küche: lecker, leicht und schnell gemacht! Und auch als Nudelsauce, Pizzasauce oder für unsere gefüllten Muschelnudeln kann sie prima zweckentfremdet werden.

Gefüllte Nudeln

LOS GEHT'S!

TOMATENSUPPE

Zutaten

Für 4 Portionen

1 Zwiebel
1 Knoblauchzehe
1 El Olivenöl
1 Lorbeerblatt
1/2 Tl getrockneter Oregano
Salz
Pfeffer
1 Prise Zucker
1 El Tomatenmark
250 ml Gemüsebrühe
1 Dose stückige Tomaten (850 ml)
Salbei oder Basilikumblättchen zum Garnieren

Zubereitungszeit: ca. 10 Minuten (plus Garzeit)

Pro Portion ca. 340 kcal, 45 g E, 24 g F, 73 g KH

1. Zwiebel und Knoblauch schälen und fein hacken. In einem Topf das Öl erhitzen und Zwiebel und Knoblauch darin glasig dünsten. Lorbeerblatt, Oregano und etwas Salz, Pfeffer und Zucker dazugeben. Das Tomatenmark einrühren und die Brühe angießen. Die Tomaten samt Flüssigkeit dazugeben.

2. Die Tomatensuppe bei schwacher Hitze ca. 20 Minuten köcheln lassen. Mit Salz und Pfeffer abschmecken und nach Belieben mit Kräuterblättchen garnieren.

Gefüllte Nudeln

Für dieses Gericht ist es ideal, wenn die Tomatensauce schon fertig ist – die Tomatensuppe von oben eignet sich dafür wunderbar. Für 2 Portionen benötigst du ca. 400 ml Tomatensauce. Und so geht's: 250 g TK-Spinat auftauen lassen. 100 g Muschelnudeln in reichlich Salzwasser nach Packungsanleitung bissfest kochen. Den aufgetauten Spinat gut ausdrücken, grob hacken, mit 250 g Ricotta vermischen und mit Salz und Pfeffer abschmecken. Die Füllung in die Nudeln füllen. Die Tomatensauce in einer Auflaufform verteilen und die Nudeln hineinsetzen. Mit 50 g geriebenem Parmesan bestreuen und im vorgeheizten Backofen ca. 20 Minuten überbacken.

Siesta in Katalonien

KABELJAU-TOPF

Zubereitungszeit: ca. 30 Minuten

Pro Portion ca. 669 kcal, 45 g E, 44 g F, 21 g KH

Zutaten

Für 4 Portionen

4 Tomaten
2 kleine Zwiebeln
3 Knoblauchzehen
4 El Olivenöl
1 Tl geräuchertes Paprikapulver
1 Lorbeerblatt
800 ml Hühnerbrühe
120 g Babyspinat
400 g Kichererbsen (aus der Dose)
600 g Kabeljaufilet
Salz
Pfeffer
Aioli nach Belieben

1. Tomaten waschen, die Stielansätze entfernen und das Fruchtfleisch in Stücke schneiden. Zwiebeln schälen und fein würfeln. Knoblauch schälen und in feine Scheiben schneiden. Das Olivenöl in einem Topf erhitzen und Zwiebeln und Knoblauch darin anschwitzen. Tomaten, Paprikapulver und Lorbeerblatt dazugeben. Mit der Brühe ablöschen, dann etwa 10 Minuten köcheln lassen.

2. Den Spinat waschen und putzen. Die Kichererbsen abtropfen lassen. Den Kabeljau abspülen, trocken tupfen und in etwa 2 cm große Stücke schneiden. Zusammen mit Spinat und Kichererbsen in die Brühe geben und 5–7 Minuten bei geringer Hitze gar ziehen lassen. Den Fischtopf mit Salz und Pfeffer abschmecken. Nach Belieben mit einem Klecks Aioli servieren.

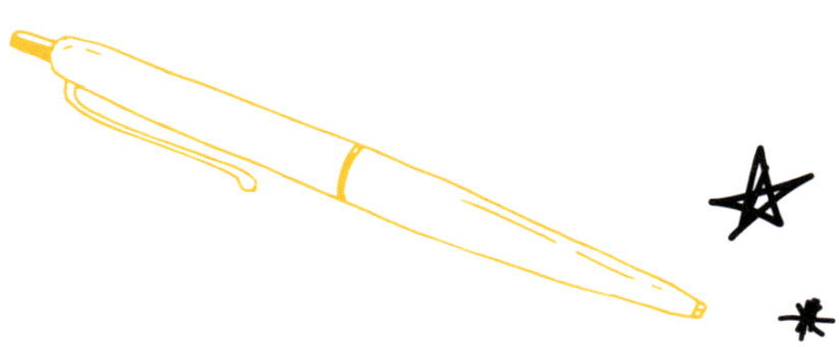

Im Gegensatz zu dem berühmten Party-Klassiker mit Hack, kommt diese Version problemlos ohne Fleisch aus! Sie schmeckt so lecker, dass selbst der größte Fleischfan hier nicht jammert.

KÄSE-LAUCH-SUPPE

Lecker vegetarisch

Zubereitungszeit: ca. 25 Minuten

Pro Portion ca. 443 kcal, 28 g E, 33 g F, 11 g KH

Zutaten

Für 2 Portionen

1 Zwiebel
1/2 Knoblauchzehe
500 g Lauch
1 El Butter
600 ml Gemüsebrühe
150 g Schmelzkäse (45 % Fett)
1 Eigelb
Salz
Pfeffer
50 g geriebener Emmentaler

1. Zwiebel schälen und in feine Ringe schneiden. Knoblauch schälen und fein hacken. Lauch waschen, putzen und in feine Ringe schneiden. Die Butter in einem Topf schmelzen und Zwiebel, Knoblauch und Lauch darin anrösten. Mit der Gemüsebrühe ablöschen und den Schmelzkäse einrühren. Die Suppe einmal aufkochen und anschließend 10 Minuten köcheln lassen.

2. Den Topf von der Herdplatte nehmen. 2 El der Suppenflüssigkeit abnehmen und in ein Schälchen füllen. Das Eigelb hineingeben und glattrühren. Die Mischung in die Suppe geben und kräftig unterrühren. Die Suppe mit Salz und Pfeffer abschmecken und den geriebenen Emmentaler unterheben.

Tipp

Wer auf Fleisch partout nicht verzichten mag, brät einfach zusammen mit Zwiebeln, Knoblauch und Lauch 150 g Rinderhack an!

Tipp

Frier die Suppe portionsweise ein – dann hast du immer ein leckeres Blitzgericht für stressige Tage in der Hinterhand. Sie ist übrigens auch prima als Nudelsauce geeignet!

PIZZA-SUPPE

Zubereitungszeit: ca. 30 Minuten

Pro Portion ca. 375 kcal, 29 g E, 24 g F, 12 g KH

Zutaten

Für 4 Portionen

1 kleine Stange Lauch
2 Möhren
200 g Knollensellerie
1 El Olivenöl
400 g mageres Rinderhackfleisch
1/2 Tl Salz
5 Prisen Pfeffer
1 Tl Paprikapulver edelsüß
1 Tl getrockneter Oregano
1 El Tomatenmark
1 Dose stückige Tomaten (400 g)
600 ml Gemüsebrühe
50 g geriebener Parmesan

1. Lauch putzen, waschen, der Länge nach halbieren und in feine Ringe schneiden. Möhren und Sellerie putzen, schälen und sehr fein würfeln.

2. Das Öl in einem großen Topf erhitzen. Das Hack darin bei hoher Hitze unter Wenden krümelig anbraten. Das Gemüse zugeben und weitere 2–3 Minuten braten. Mit Salz, Pfeffer, Paprikapulver und Oregano würzen. Tomatenmark einrühren und kurz anschwitzen. Tomaten und Brühe zugießen, aufkochen und alles ca. 15 Minuten köcheln lassen, dabei gelegentlich umrühren.

3. Die Suppe mit Salz und Pfeffer abschmecken und mit Parmesan bestreut servieren.

Rote Linsen sind nicht nur sehr gesund und lecker, sondern auch superpraktisch – im Gegensatz zu normalen Linsen müssen sie nämlich nicht eingeweicht werden und sind in wenigen Minuten gar!

ROTE-LINSEN-SUPPE

Zubereitungszeit: ca. 15 Minuten (plus Garzeit)
Pro Portion ca. 394 kcal, 19 g E, 18 g F, 38 g KH

Zutaten

Für 4 Portionen

1 Knoblauchzehe
1 Zwiebel
2 Möhren
2 El Rapsöl
1 Tl gemahlener Kreuzkümmel
250 g rote Linsen
1 l Gemüsebrühe
Salz
Pfeffer
50 g gehackte Haselnüsse

1. Knoblauch und Zwiebel schälen und fein hacken. Möhren putzen, schälen und grob zerkleinern. Das Öl in einem großen Topf erhitzen und Zwiebel und Knoblauch darin glasig anschwitzen. Möhren und Kreuzkümmel zugeben und kurz mitrösten. Die Linsen in einem Sieb waschen und zur Suppe geben. Die Brühe zugießen, aufkochen lassen, dann bei kleiner Hitze ca. 15 Minuten köcheln lassen.

2. Die Suppe mit einem Stabmixer pürieren und mit Salz und Pfeffer abschmecken. Mit Haselnüssen bestreut servieren.

Wer Boeuf Stroganoff mag, wird diese Suppe lieben! Rinderhack, Pilze, saure Sahne und Senf verleihen ihr das unnachahmliche Stroganoff-Aroma. Ein Lieblingsgericht, das satt und glücklich macht!

PILZ-HACK-SUPPE

à la Boeuf Stroganoff

Zubereitungszeit: ca. 30 Minuten

Pro Portion ca. 895 kcal, 60 g E, 48 g F, 50 g KH

Zutaten

Für 2 Portionen

1 Schalotte
1 Knoblauchzehe
150 g Champignons
2 El Olivenöl
200 g Hackfleisch vom Rind
Salz
Pfeffer
1 El Tomatenmark
1/2 Tl Worcestersauce
1/2 Tl Paprikapulver
1 Tl Dijon-Senf
1 l Rinderbrühe
125 g Bandnudeln
100 g saure Sahne
gehackte Petersilie zum Garnieren

1. Schalotte schälen und in feine Ringe schneiden. Knoblauch schälen und fein hacken. Champignons putzen und in feine Scheiben schneiden. In einem großen Topf die Hälfte des Olivenöls erhitzen und das Hackfleisch darin krümelig braten, bis es gut gebräunt ist. Mit Salz und Pfeffer abschmecken und in einer Schüssel beiseitestellen.

2. Schalotte, Knoblauch und Champignons mit dem restlichen Olivenöl in den Topf geben und alles darin bei mittlerer Hitze 4–5 Minuten dünsten, dabei nach etwa 2 Minuten das Tomatenmark hinzugeben und unter Rühren mitanbraten.

3. Worcestersauce, Paprikapulver, Senf, Brühe und etwas Salz und Pfeffer hinzufügen und alles zum Kochen bringen. Dann das Hack und die Nudeln zugeben und so lange kochen, bis die Nudeln gar sind.

4. Etwa 100 ml der Suppe in eine Schüssel füllen und mit der sauren Sahne verrühren. Die Mischung in die Suppe geben und gut unterrühren. Die Suppe mit Salz und Pfeffer abschmecken und mit Petersilie bestreut servieren.

Tipp

In diesem Gericht kannst du auch sehr gut Nudelreste vom Vortag verarbeiten. Gib sie einfach zusammen mit dem Hack in den Topf und erwärm sie in der Suppe.

MINESTRONE

mit Makkaroni und viel Gemüse

Zubereitungszeit: ca. 25 Minuten

Pro Portion ca. 433 kcal, 21 g E, 17 g F, 48 g KH

Zutaten

Für 4 Portionen

2 Knoblauchzehen
3 Zucchini
1/2 Bund Frühlingszwiebeln
2 El Olivenöl
1,5 l Gemüsebrühe
100 g grüne TK-Erbsen
150 g kurze Makkaroni
1 Dose Cannellini-Bohnen (Abtropfgewicht 240 g)
1/2 Bund gehackte Petersilie
Salz
Pfeffer
1 Prise Muskat
50 g grob geriebener Parmesan

1. Knoblauch schälen und fein hacken. Zucchini waschen, putzen und klein würfeln. Frühlingszwiebeln putzen, waschen und in feine Scheiben schneiden.

2. Das Öl in einem großen Topf erhitzen und den Knoblauch darin anschwitzen. Zucchini und Frühlingszwiebeln zugeben und kurz anbraten. Die Gemüsebrühe zugießen und die Erbsen zugeben. Alles bei mittlerer Hitze ca. 10 Minuten köcheln lassen.

3. Inzwischen die Makkaroni nach Packungsanleitung in reichlich Salzwasser fast bissfest garen. Abgießen und abtropfen lassen. Die Bohnen in einem Sieb abspülen und abtropfen lassen.

4. Nudeln und Bohnen zur Suppe geben und kurz darin erwärmen. Die Petersilie unterrühren und die Suppe mit Salz, Pfeffer und Muskat abschmecken. Mit Parmesan bestreut servieren.

Tipp

Diese Suppe ist ein wahres Multitalent! Möhren übrig? Der Rest vom Spitzkohl muss weg? Kein Problem, einfach rein damit!

Zwei Fliegen MIT EINER KLAPPE

ORIENT-CHILI

Chili ist ein wahres Multitalent – egal ob klassisch mexikanisch mit Bohnen und Mais oder orientalisch wie hier. Es lässt sich gut einfrieren und vielfältig weiterverwenden, z. B. für leckere Chili-Tacos.

Tacos mit Chili

LOS GEHT'S!

ORIENT-CHILI

Zutaten

Für 4 Portionen

2 Zwiebeln
2 Knoblauchzehen
2 rote Chilischoten
4 El Öl
800 g Hackfleisch vom Rind oder Lamm
Salz
1 Dose Kichererbsen (Abtropfgewicht 400 g)
300 ml Rinderbrühe
800 g stückige Tomaten
2 Zweige Koriander
1 Msp. Kreuzkümmel
1 Msp. Ras el-Hanout
1 Becher Schmand (200 g)

1. Zwiebeln und Knoblauch schälen und fein würfeln. Chili längs halbieren, putzen, waschen und in feine Scheiben schneiden. Öl in einem Topf erhitzen, das Hackfleisch hineingeben und bei starker Hitze und unter Rühren ca. 3 Minuten anbraten. Zwiebeln, Knoblauch und Chili zugeben und ca. 2 Minuten mitbraten. Mit Salz würzen.

2. Kichererbsen in einem Sieb unter fließendem Wasser abspülen und abtropfen lassen, dann zusammen mit Brühe und Tomaten unter das Hackfleisch mischen. Das Chili bei mittlerer Hitze zugedeckt 10 Minuten köcheln lassen.

3. Den Koriander waschen, trocken schütteln, die Blättchen abzupfen, fein hacken und dazugeben. Das Chili mit Salz, Kreuzkümmel und Ras el-Hanout abschmecken. Mit dem Schmand servieren.

Zubereitungszeit: ca. 30 Minuten

Pro Portion ca. 915 kcal, 57 g E, 57 g F, 42 g KH

Tacos mit Chili

Chili kann sehr gut als Füllung für Tacos verwendet werden – so hast du ruck, zuck einen leckeren Snack für zwischendurch! Dazu den Backofen auf 120 °C vorheizen und Taco-Shells darin kurz warm werden lassen. Das Chili erwärmen und zusammen mit einem Klecks Saure Sahne in die Taco-Shells füllen.

Tipp

Auch lecker: Das Chili auf einen Pizzateig (aus der Kühltheke) streichen, geriebenen Käse drüberstreuen und die Pizza im vorgeheizten Ofen bei 200 °C ca. 15 Minuten backen.

PASTINAKENSUPPE

Köstlich mit Räucherlachs

Zubereitungszeit: ca. 30 Minuten

Pro Portion ca. 281 kcal, 14 g E, 17 g F, 14 g KH

Zutaten

Für 2 Portionen

400 g Pastinaken
1 Knoblauchzehe
1 Zwiebel
1 El Öl
1 Tl rote Currypaste
250 ml Gemüsebrühe
250 ml Vollmilch
1/2 Bund Schnittlauch
2 Stängel Petersilie
80 g Räucherlachs
Salz
Pfeffer

1. Pastinaken waschen, schälen und in Stücke schneiden. Knoblauch und Zwiebel schälen und fein hacken. Das Öl in einem Topf erhitzen und die Currypaste darin etwa 1 Minute anrösten. Knoblauch und Zwiebel unterrühren und glasig dünsten. Pastinaken zufügen und alles unter Rühren noch ca. 3 weitere Minuten dünsten. Mit Gemüsebrühe und Milch ablöschen, dann bei mittlerer Hitze etwa 10 Minuten köcheln lassen.

2. Schnittlauch und Petersilie waschen und trocken schütteln. Schnittlauch in Röllchen schneiden, von der Petersilie die Blättchen abzupfen und grob hacken. Den Lachs in Stückchen schneiden.

3. Die Suppe pürieren. Den Lachs hinzufügen und kurz erwärmen. Die Suppe mit Salz und Pfeffer abschmecken und mit Schnittlauch und Petersilie bestreut servieren.

Leckeres mit

FISCH & FLEISCH

für ordentlich Power

In diesem Kapitel kommen Fleisch- und Fischfans auf ihre Kosten! Ob aus Pfanne, Topf oder Ofen, als Quiche oder Pizza, mit Nudeln, Reis oder Kartoffeln – hier haben Hack, Garnelen, Lachs & Co. das Sagen. Besonders praktisch: Unter den leckeren Gerichten tummeln sich auch ein paar One-Pot-Gerichte, die besonders schnell und einfach zuzubereiten sind!

LOS GEHT'S!

Mit Kabeljau und grünem Spargel

FRÜHLINGS-PASTA

Zubereitungszeit: ca. 30 Minuten

Pro Portion ca. 631 kcal, 41 g E, 24 g F, 60 g KH

Zutaten

Für 2 Portionen

300 g Kabeljaufilet
300 g grüner Spargel
100 g Zuckerschoten
150 g Farfalle
Salz
1 El Butter
Pfeffer
200 ml Gemüsebrühe
3 El Schmand
1 El heller Saucenbinder
1/2 Tl abgeriebene Schale und 1 Tl Saft von 1 unbehandelten Zitrone
1 Prise Zucker

1. Kabeljau abspülen, trocken tupfen und in ca. 2 cm große Stücke schneiden. Spargel im unteren Drittel schälen und die holzigen Enden abschneiden, dann die Stangen schräg in dünne Scheiben schneiden. Zuckerschoten putzen, waschen und jeweils halbieren.

2. Die Nudeln in kochendem Salzwasser nach Packungsanweisung garen. In der Zwischenzeit die Butter in einer Pfanne zerlassen und den Spargel darin andünsten. Mit Salz und Pfeffer würzen. Gemüsebrühe und Schmand zugeben, aufkochen und bei mittlerer Hitze ca. 3 Minuten köcheln lassen.

3. Zuckerschoten, Fischstücke und Saucenbinder zugeben und weitere 4–5 Minuten garen lassen. Mit Zitronenschale, Zitronensaft und Zucker abschmecken. Die Nudeln abtropfen lassen und vorsichtig unter die Sauce mischen.

Tipp

Du kannst für das Gericht auch gut Nudelreste vom Vortag verwerten. Einfach wie auf S. 10 beschrieben „auffrischen" und mit der Sauce servieren.

Mit Fleischbällchen

WEIZEN-TOMATEN-TOPF

Zubereitungszeit: ca. 30 Minuten

Pro Portion ca. 585 kcal, 23 g E, 48 g F, 14 g KH

Zutaten

Für 2 Portionen

1 Kochbeutel Ebly (à 125 g), ersatzweise Reis
Salz
1 Tl Butter
1 Knoblauchzehe
250 g passierte Tomaten
2 El Olivenöl
Pfeffer
1 Prise Zucker
1 Tl Fenchelsaat
3 grobe rohe Kalbsbratwürste (à ca. 100 g)
50 g geriebener Parmesan

1. Den Backofen auf 70 °C vorheizen. Ebly in ausreichend Salzwasser nach Packungsanleitung garen. Danach abtropfen lassen, in einer Schüssel mit der Butter mischen und im Backofen warmhalten.

2. In der Zwischenzeit den Knoblauch schälen und hacken, dann zusammen mit den Tomaten und dem Olivenöl in einen Topf geben. Mit Salz, Pfeffer und Zucker würzen, ½ Tl Fenchelsaat dazugeben und alles bei mittlerer Hitze 10 Minuten zugedeckt köcheln lassen.

3. Das Brät aus den Bratwursthäuten drücken und mit der restlichen Fenchelsaat verkneten. Mit angefeuchteten Händen aus der Masse kleine Klößchen formen. Zur Tomatensauce geben, die Hitze der Sauce reduzieren und die Klößchen darin bei geringer Hitze 5–7 Minuten gar ziehen lassen. Mit dem Ebly vermischen und mit Parmesan bestreut servieren.

Tipp

Für die Tomatensauce kannst du auch gut Reste der Pizza-Sauce von S. 107 verwenden – einfach erhitzen, 1 Tl Fenchelsamen drunterrühren und 10 Minuten köcheln lassen.

Powerfood

HIRSE-HACK-PFANNE

Zubereitungszeit: ca. 30 Minuten

Pro Portion ca. 565 kcal, 33 g E, 29 g F, 43 g KH

Zutaten

Für 2 Portionen

100 g Hirse
1 Knoblauchzehe
1 rote Spitzpaprika
1 Möhre
1 Stange Staudensellerie
1 El Rapsöl
250 g Hackfleisch vom Rind
200 ml Gemüsebrühe
Saft von 1/2 Orange
1/2 Bund Petersilie
Salz
Pfeffer

1. Die Hirse in einem Sieb mit heißem Wasser waschen und abtropfen lassen. Knoblauch schälen und fein hacken. Paprika waschen, putzen und in Streifen schneiden. Möhre putzen, schälen und klein würfeln. Staudensellerie gegebenenfalls entfädeln, waschen und klein würfeln.

2. In einer großen Pfanne das Öl erhitzen und das Hackfleisch darin krümelig anbraten. Den Knoblauch und das Gemüse zufügen und bei kleiner Hitze 8 Minuten mitbraten, dabei gelegentlich umrühren. Hirse dazugeben, die Gemüsebrühe aufgießen und alles aufkochen. Bei kleiner Hitze 7–10 Minuten garen, dabei gelegentlich umrühren. Den Orangensaft unterrühren und alles weitere 5 Minuten köcheln lassen.

3. In der Zwischenzeit die Petersilie waschen, trocken schütteln und klein hacken. Die Hirse-Hack-Pfanne mit Salz und Pfeffer abschmecken. Mit Petersilie bestreut servieren.

Diese mediterrane Pasta schmeckt nach Urlaub und ist mit wenigen Handgriffen gemacht: Hack anbraten, ein paar Zutaten kleinschnippeln, alles in eine Auflaufform geben – den Rest macht der Ofen!

SOMMER-PASTA

mit Hack und Artischocken

Zubereitungszeit: ca. 30 Minuten

Pro Portion ca. 752 kcal, 40 g E, 34 g F, 72 g KH

Zutaten

Für 2 Portionen

200 g kurze Nudeln, z. B. Rigatoni

Salz

2 El Olivenöl

200 g Hackfleisch vom Rind

Pfeffer

2 Knoblauchzehen

4 Artischockenherzen

2 Tomaten

2 El getrocknete Tomaten in Öl

1 El Kapern

1 Handvoll frische Basilikumblätter

Saft von 1/2 Zitrone

80 g Feta

1. Den Backofen auf 180 °C Umluft vorheizen. Die Nudeln in kochendem Salzwasser nach Packungsanweisung garen, dann abtropfen lassen und beiseitestellen.

2. In der Zwischenzeit 1 El Olivenöl in eine Pfanne geben und das Hackfleisch darin scharf anbraten, bis es schön kross ist. Anschließend salzen und pfeffern.

3. 1 Knoblauchzehe mit Schale in der Mitte längs halbieren und mit den Schnittflächen eine kleine Auflaufform ausreiben. Die andere Zehe schälen und fein würfeln. Die Artischockenherzen in einem Sieb abtropfen lassen und in Streifen schneiden. Die Tomaten waschen, die Stielansätze herausschneiden und das Fruchtfleisch grob würfeln. Die getrockneten Tomaten trocken tupfen und in Streifen schneiden.

4. Die Nudeln in die Auflaufform füllen. Hack, Artischocken, Tomatenwürfel, getrocknete Tomaten, Knoblauch, Kapern, Basilikum, Zitronensaft und das restliche Olivenöl dazugeben. Alles gut vermengen, dann den Feta darüber bröckeln. Etwa 6 Minuten im Ofen überbacken, bis der Feta leicht geschmolzen und gebräunt ist.

Tipp

Wenn du noch Nudelreste vom Vortag übrig hast, kannst du dir das Nudelkochen sparen – damit schmeckt es genauso gut! Einfach wie auf S. 10 beschrieben „auffrischen" und in die Auflaufform füllen.

PAPRIKA-REIS-TOPF

Zubereitungszeit: ca. 20 Minuten (plus Garzeit)

Pro Portion ca. 469 kcal, 29 g E, 23 g F, 46 g KH

Zutaten

Für 2 Portionen

100 g Mettwurst
25 g Speck
1 Schalotte
1 Knoblauchzehe
1 rote Paprikaschote
100 g kleine Champignons
2 Tomaten
100 g Reis
175 ml heiße Fleischbrühe
1 Prise Zucker
Salz
Pfeffer

1. Mettwurst in feine Scheiben schneiden. Speck würfeln. Schalotte und Knoblauch schälen und fein würfeln. Paprika putzen, waschen und fein würfeln. Champignons abreiben, putzen und je nach Größe halbieren oder vierteln. Tomaten waschen, Stielansätze rausschneiden und in 2 cm große Würfel schneiden.

2. Die Champignons in einem beschichteten Topf ohne Fett scharf anbraten. Speck, Schalotte und Knoblauch zugeben und 1–2 Minuten mitbraten. Reis, Mettwurst, Paprika, Tomaten und Brühe und 1 Prise Zucker dazugeben und alles bei mittlerer Hitze und geschlossenem Deckel ca. 20 Minuten köcheln lassen. Vor dem Servieren noch einmal gut durchrühren und mit Salz und Pfeffer abschmecken.

Dieses One-Pot-Gericht ist so schnell zubereitet, dass du es selbst dann noch in Ruhe kochen kannst, wenn der Hunger schon in den Startlöchern steht! Das Gleiche gilt für den Paprika-Reis-Topf von S. 80.

REIS-PFANNE

Zubereitungszeit: ca. 15 Minuten (plus Garzeit)

Pro Portion ca. 760 kcal, 34 g E, 41 g F, 64 g KH

Zutaten

Für 2 Portionen

125 g Mini-Mozzarellakugeln
1 rote Zwiebel
200 g rohe Bratwürstchen
150 g Reis
400 g stückige Tomaten (aus der Dose)
1/2 Tl Salz
1 Msp. Pfeffer

1. Mozzarella abtropfen lassen. Zwiebel schälen und fein würfeln. Das Bratwurstbrät aus den Würstchen drücken und daraus Kugeln von ca. 2 cm Durchmesser formen.

2. Die Wurstbällchen in einer heißen, beschichteten Pfanne 4–5 Minuten rundherum anbraten. Zwiebel zugeben und 1 Minute mitbraten. Reis, Tomaten, 50 ml Wasser, Salz und Pfeffer zugeben, umrühren und die Mozzarellakugeln obendrauf verteilen. Alles bei kleiner Hitze mit geschlossenem Deckel 25–30 Minuten köcheln lassen.

Tipp

Die Quiche macht zwar erst mal etwas mehr Arbeit, aber das zahlt sich aus! Sie lässt sich nämlich hervorragend portionsweise einfrieren und muss dann nur noch für ca. 10 Minuten im Ofen aufgebacken werden.

Super zum Einfrieren

LACHS-SPINAT-QUICHE

Zubereitungszeit: ca. 35 Minuten (plus Kühl- und Backzeit)

Pro Stück ca. 320 kcal, 11 g E, 24 g F, 16 g KH

Zutaten

Für 12 Stücke

Für den Teig

125 g Butter
250 g Mehl
1 Ei
1/2 Tl Salz

Für die Füllung

1 Knoblauchzehe
500 g Babyspinat
2 Tl Rapsöl
Salz • Pfeffer
300 g Lachsfilet
1 Tl abgeriebene Schale von 1 unbehandelten Zitrone
2 Tl Zitronensaft
100 g Feta nach Belieben

Für den Guss

1 Bund Dill
250 g Crème fraîche
3 Eier
Salz • Pfeffer

Außerdem

Butter für die Form
Mehl für die Arbeitsfläche

1. Für den Teig die Butter würfeln und zusammen mit 1 El eiskaltem Wasser und den anderen Zutaten zügig zu einem Teig verkneten. In Folie wickeln und ca. 30 Minuten kühl stellen.

2. In der Zwischenzeit für die Füllung den Knoblauch schälen und hacken. Spinat verlesen, waschen und abtropfen lassen. Das Öl in einem Topf erhitzen, den Knoblauch darin unter Rühren ca. 3 Minuten andünsten, dann den Spinat dazugeben. Salzen, pfeffern und bei mittlerer Hitze zusammenfallen lassen. Spinat in ein Sieb geben und abtropfen lassen. Den Lachs waschen, trocken tupfen, in mundgerechte Würfel schneiden und mit Zitronenschale und -saft vermengen. Feta würfeln.

3. Für den Guss den Dill waschen, trocken tupfen und hacken. Crème fraîche mit den Eiern verquirlen, salzen, pfeffern und den Dill unterrühren.

4. Den Backofen auf 200 °C vorheizen. Eine Quiche-Form (26 cm Ø) mit Butter einfetten. Den Teig auf einer bemehlten Arbeitsplatte ausrollen und die Form damit auskleiden, dabei einen Rand formen. Den Teig mit einer Gabel mehrfach einstechen und auf der zweiten Schiene von unten ca. 10 Minuten vorbacken.

5. Die Backofentemperatur auf 180 °C herunterschalten. Den Spinat auf dem Teigboden verteilen, dann den Lachs und den Feta. Alles mit dem Guss bedecken und ca. 35 Minuten backen.

Ok, dieses Gericht ist schon etwas gehaltvoll und daher leider nichts für jeden Tag. An besonders nervigen Tagen gibt's aber nichts Besseres. Es macht einfach rundum satt und glücklich!

SPÄTZLE-HACK-PFANNE

Käsespätzle mal anders

Zubereitungszeit: ca. 25 Minuten

Pro Portion ca. 990 kcal, 52 g E, 55 g F, 68 KH

Zutaten

Für 2 Portionen

1 kleine Zwiebel
1/4 Bund Schnittlauch
150 g Emmentaler
3 Tl Butter
150 g Hackfleisch vom Rind
Salz
Pfeffer
500 g Spätzle aus dem Kühlregal
50 g Schmand (20 % Fett)

1. Die Zwiebel schälen und in feine Ringe schneiden. Schnittlauch waschen und in feine Röllchen schneiden. Den Käse grob reiben. 1 Tl Butter in einer Pfanne erhitzen und das Hackfleisch darin unter Rühren anbraten. Salzen und pfeffern und 1 weitere Minute unter Rühren braten, bis es schön kross ist. Herausnehmen und auf Küchenkrepp abtropfen lassen.

2. Die Zwiebelringe in die Pfanne geben, 1 Tl Butter dazugeben und 5–7 Minuten bei mittlerer Hitze goldgelb braten. Die Spätzle und 1 Tl Butter dazugeben und alles 5 Minuten bei mittlerer Hitze braten, dabei immer wieder umrühren. Das Hackfleisch dazugeben und alles gut vermengen. Den Käse dazugeben und unter Rühren ca. 3 Minuten schmelzen lassen. Mit Salz und Pfeffer abschmecken.

3. Zum Schluss den Schmand portionsweise dazugeben, ganz leicht unterheben, aber nicht komplett verrühren. Mit Schnittlauch bestreut servieren.

Mit Garnelen

BUNTER REISTOPF

Zubereitungszeit: ca. 35 Minuten

Pro Portion ca. 342 kcal, 21 g E, 5 g F, 50 g KH

Zutaten

Für 2 Portionen

1/4 Bund Petersilie
1 kleine Zwiebel
1 Knoblauchzehe
1/2 rote Chilischote
200 g Blumenkohl
3 Tl Olivenöl
100 g Vollkorn-Rundkornreis
400 ml Gemüsebrühe
1 Prise Safranfäden
100 g Erbsen
1 Prise Zimt
Salz
Pfeffer
10 küchenfertige Garnelen
1 El Zitronensaft

1. Petersilie waschen, trocken schütteln und hacken. Zwiebel und Knoblauch schälen und in feine Würfel schneiden. Chili waschen, putzen und hacken. Den Blumenkohl waschen und die Röschen vom Strunk schneiden.

2. 1 Tl Olivenöl in einem Topf erhitzen und Zwiebel und Knoblauch darin bei mittlerer Hitze anschwitzen. Chili und Reis hinzufügen und anbraten. Mit Gemüsebrühe ablöschen, dabei so viel hinzugießen, dass der Reis knapp mit Flüssigkeit bedeckt ist. Etwa 20–25 Minuten köcheln lassen, dabei ab und zu Gemüsebrühe nachgießen und umrühren. Nach 5 Minuten Kochzeit den Blumenkohl und den Safran dazugeben. Nach weiteren 10 Minuten die Erbsen dazugeben und mit Zimt, Salz und Pfeffer würzen.

3. In der Zwischenzeit das restliche Olivenöl in einer Pfanne erhitzen und die Garnelen darin gar braten. Zusammen mit dem Zitronensaft und der Petersilie unter den Reis heben.

Pizza für Eilige

FLADENBROT-PIZZA

Zubereitungszeit: ca. 20 Minuten (plus Backzeit)

Pro Portion ca. 815 kcal, 33 g E, 57 g F, 41 g KH

Zutaten

Für 2 Portionen

1 kleines ovales Fladenbrot
1 Zwiebel
1 Knoblauchzehe
1/2 rote Paprikaschote
1 Tomate
1 Frühlingszwiebel
125 g Crème fraîche
Salz
Pfeffer
1 Chilischote
50 g scharfe italienische Salami
150 g geriebener Pizzakäse
2 Stängel Basilikum
1/2 Tl getrockneter Oregano

1. Den Backofen auf 200 °C vorheizen. Das Fladenbrot waagerecht halbieren und die beiden Hälften mit der Schnittfläche nach oben auf ein mit Backpapier belegtes Backblech legen.

2. Zwiebel schälen und fein würfeln. Knoblauch schälen und fein hacken. Paprika putzen, waschen und fein würfeln. Tomate waschen, halbieren, entkernen, von den Stielansätzen befreien und ebenfalls würfeln. Frühlingszwiebel putzen, waschen und in feine Ringe schneiden. Alles mit der Crème fraîche vermengen und mit Salz und Pfeffer abschmecken.

3. Chili putzen, waschen, entkernen und in feine Streifen schneiden. Die Salami in dünne Scheiben schneiden. Das Fladenbrot mit der Crème-fraîche-Gemüse-Mischung bestreichen, Salami und Chili darauf verteilen. Den Käse darüber streuen und die Fladenbrot-Pizza ca. 15 Minuten im Ofen backen.

4. Das Basilikum waschen, trocken schütteln und hacken. Die Pizza mit Basilikum und Oregano bestreut servieren.

Hack geht auch supergesund! Bestes Beispiel ist diese leckere Bowl mit Hack, Kichererbsen, Gurke, Avocado und fruchtiger Salsa. Danach bist du voller Energie, um den restlichen Arbeitstag locker zu wuppen!

BURRITO-BOWL

Trendiges Multitalent

Zubereitungszeit: ca. 30 Minuten

Pro Portion ca. 832 kcal, 42 g E, 41 g F, 72 g KH

Zutaten

Für 2 Portionen

Für die Salsa

200 g Kirschtomaten
1 Mango
Saft von 1/2 Limette
1 Prise Chiliflocken
Salz
Pfeffer

Für die Bowl

1 Dose Kichererbsen (à 400 g)
2 El Olivenöl
1/4 Bund fein gehackter Koriander
1 Tl Kreuzkümmel
Salz
Pfeffer
1/2 Salatgurke
1 Avocado
Saft und Schale von 1 unbehandelten Limette
200 g Hackfleisch vom Rind
1 Msp. Knoblauchpulver
150 g Naturjoghurt (1,5 %)
1/4 Tl Kurkuma

1. Für die Salsa die Tomaten waschen und fein würfeln. Mango schälen und ebenfalls fein würfeln. Beides zusammen mit dem Limettensaft in einer Schüssel vermischen. Mit Chiliflocken, Salz und Pfeffer abschmecken und abgedeckt bis zum Servieren marinieren lassen.

2. Kichererbsen in einem Sieb abspülen und abtropfen lassen, dann in eine Schüssel geben. 1 El Olivenöl, Koriander, ½ Tl Kreuzkümmel und je 1 Prise Salz und Pfeffer dazugeben und alles gut vermischen.

3. Gurke waschen, halbieren und das wässrige Innere mit einem Löffel entfernen, dann in Scheiben schneiden. Avocado schälen, halbieren, den Kern entfernen und in Scheiben schneiden. Ein paar Tropfen Limettensaft darüberträufeln und leicht salzen und pfeffern.

4. 1 El Olivenöl in einer Pfanne erhitzen und das Hackfleisch darin scharf anbraten, bis es gut gebräunt ist. Dabei nur wenig mit dem Pfannenwender zerstoßen, damit es nicht zu krümelig wird. Knoblauchpulver, ½ Tl Kreuzkümmel und den Limettenabrieb dazugeben und 1 weitere Minute braten.

5. Aus Joghurt, dem restlichen Limettensaft, Kurkuma sowie je 1 Prise Salz und Pfeffer das Dressing anrühren.

6. Nun alle Zutaten in einer Bowl anrichten. Etwas Joghurtdressing darübersprenkeln, das restliche Dressing dazureichen.

Tipp

Auch lecker dazu: Kidneybohnen oder Mais. Für eine Veggie-Bowl tauschst du das Hack gegen Mozzarella oder Fetawürfel. Auf S. 11 findest du viele weitere Anregungen. Salsa, Dressing und Kichererbsen kannst du übrigens auch gut schon am Vortag zubereiten!

Dir fehlt der mittägliche „Betriebsausflug“ zur Frittenbude? Dann mach dir deine geliebte Currywurst einfach selbst! Mit unserer Special-Currysauce schmeckt sie sogar noch besser als vom Lieblingsimbiss.

CURRYWURST

mit Süßkartoffel-Pommes

Zubereitungszeit: ca. 25 Minuten (plus Garzeit)

Pro Portion ca. 805 kcal, 25 g E, 46 g F, 72 g KH

Zutaten

Für 2 Portionen

Für die Pommes

1 große Süßkartoffel (à ca. 400 g)
1 El Maisgrieß (Polenta)
1/2 Tl Paprikapulver, edelsüß
1 Tl Salz
1 Tl Olivenöl

Für Currywurst und -sauce

1 Zwiebel
2 El Olivenöl
1 Tl Currypulver
1 El Tomatenmark
200 g passierte Tomaten
50 ml Apfelsaft
1 El Apfelessig
1 Tl Honig
Salz • Pfeffer
2 Bratwürste
Currypulver zum Bestäuben

1. Den Backofen auf 200 °C vorheizen. Ein Backblech mit Backpapier auslegen. Die Süßkartoffel waschen, nach Belieben schälen und in etwa 1 cm dicke Stifte schneiden. Maisgrieß, Paprikapulver, Salz und Olivenöl in einer Schüssel vermischen. Die Süßkartoffel-Stifte zugeben und alles gut vermischen. Die Pommes auf dem Backpapier verteilen, so dass sie sich nicht überlappen. Etwa 20–25 Minuten im Ofen backen.

2. In der Zwischenzeit für die Currysauce die Zwiebel schälen und fein hacken. 1 El Öl in einer Pfanne erhitzen und die Zwiebel darin glasig anschwitzen. Curry darüberstreuen und ebenfalls kurz anschwitzen. Tomatenmark, Tomaten, Apfelsaft, Essig und Honig zugeben und die Sauce 10 Minuten offen köcheln lassen. Mit Salz und Pfeffer abschmecken.

3. 1 El Öl in einer Pfanne erhitzen und die Würste darin von allen Seiten braten, dann in 1,5 cm dicke Stücke schneiden. Mit der Currysauce anrichten und mit Currypulver bestäuben. Zusammen mit den Süßkartoffel-Pommes schmecken lassen!

Tipp

Die Currysauce kannst du wunderbar auf Vorrat machen. Einfach heiß in ein sterilisiertes, verschließbares Glas füllen – so hält sie sich einige Wochen! Und wenn's mal besonders schnell gehen muss, schmeckt's auch mit Ofen-Pommes aus der Tiefkühltruhe oder mit Brot.

Heute mal indisch

HÄHNCHEN-CURRY

Zubereitungszeit: ca. 20 Minuten (plus Garzeit)

Pro Portion ca. 425 kcal, 36 g E, 17 g F, 32 g KH

Zutaten

Für 2 Portionen

1 Stück Ingwer (1 cm lang)
1 kleine Zwiebel
2 kleine Möhren
250 g mehligkochende Kartoffeln
1/2 Brokkoli
250 g Hähnchenbrustfilet
1 El Sesamöl
1 Tl Currypulver
Salz
Pfeffer
300 ml Gemüsebrühe
100 g saure Sahne

1. Ingwer und Zwiebel schälen und fein hacken. Möhren schälen und in dünne Scheiben schneiden. Kartoffeln schälen und klein würfeln. Brokkoli waschen, putzen und in Röschen teilen. Das Fleisch in kleine Stücke schneiden.

2. In einem großen Topf das Öl erhitzen. Ingwer und Zwiebel darin glasig anschwitzen. Das Fleisch zugeben und rundherum anbraten. Das Currypulver darüberstreuen und mit Salz und Pfeffer würzen. Kartoffeln und Möhren hinzufügen und kurz anbraten. Mit Gemüsebrühe ablöschen, aufkochen und bei mittlerer Hitze 15 Minuten köcheln lassen.

3. Die saure Sahne und den Brokkoli zugeben und weitere 5 Minuten köcheln lassen. Das Curry mit Salz und Pfeffer abschmecken.

Gut für die grauen Zellen

BROKKOLI-AUFLAUF

Zubereitungszeit: ca. 20 Minuten (plus Garzeit)

Pro Portion ca. 483 kcal, 48 g E, 26 g F, 14 g KH

Zutaten

Für 2 Portionen

500 g Brokkoli
Salz
125 g Kochschinken
2 Eier
1 Packung Frischkäse (175 g)
75 ml Milch
30 g geriebener Parmesan
Pfeffer
1 Prise Muskat
15 g Pinienkerne
Fett für die Form

1. Den Brokkoli waschen, abtropfen lassen und in kleine Röschen teilen. Den Brokkoli-Strunk schälen und fein würfeln. Alles in einen Topf geben, mit Salzwasser bedecken und aufkochen lassen. 2–3 Minuten garen, dann in ein Sieb abgießen, abschrecken und abtropfen lassen.

2. Den Schinken in Würfel schneiden. Die Eier mit Frischkäse, Milch sowie der Hälfte des Parmesans verquirlen und mit Salz, Pfeffer und Muskat würzen.

3. Den Backofen auf 175 °C vorheizen. Den Brokkoli in eine kleine gefettete Auflaufform geben, den Schinken darauf verteilen und die Eier-Käse-Masse darübergießen. Mit dem restlichen Parmesan bestreuen und ca. 25 Minuten backen. Ca. 5 Minuten vor Ende der Garzeit mit Pinienkernen bestreuen.

Tipp

Mehr Hunger? Dann koch einfach 150 g Penne und misch sie unter den Brokkoli – auch ideal für Nudelreste!

Zwei Fliegen MIT EINER KLAPPE

JÄGERSCHNITZEL

Jägerschnitzel geht immer! Und wenn man nicht in die Kantine kann, macht man es halt einfach selbst. Das Praktische daran: Die Pilz-Sahne-Sauce lässt sich auch wunderbar für köstliche Pilz-Bruschettas verwenden.

Pilz-Bruschetta

LOS GEHT'S!

JÄGERSCHNITZEL

Zutaten

Für 2 Portionen

Für die Sauce

250 g Champignons
1 kleine Zwiebel
2 El Öl
1 Tl Mehl
125 g Sahne
1 Tl gehackte Petersilie
Salz • Pfeffer

Für die Schnitzel

2 Schweine- oder Kalbsschnitzel (à ca. 150 g)
Salz • Pfeffer
25 g Mehl
100 g Semmelbrösel
1 Ei
50 g Butterschmalz

Zubereitungszeit: ca. 40 Minuten (plus Garzeit)

Pro Portion ca. 898 kcal, 48 g E, 56 g F, 5 g KH

1. Für die Sauce Pilze putzen und in Scheiben schneiden. Zwiebel schälen und klein würfeln. Etwas Öl in einer Pfanne erhitzen und die Pilze darin 2–3 Minuten anbraten, dann aus der Pfanne nehmen. Wieder etwas Öl in die Pfanne geben, Zwiebel darin anbraten und nach 2 Minuten mit dem Mehl bestäuben. Etwa 1 Minute mitschwitzen, dann die Sahne angießen und die Sauce etwas andicken lassen. Pilze und Petersilie dazugeben. Die Sauce mit Salz und Pfeffer abschmecken und warm stellen.

2. Die Schnitzel trocken tupfen, dann etwas flachklopfen. Salzen und pfeffern. Für die Panade Mehl und Semmelbrösel jeweils auf einen flachen Teller streuen. Das Ei in einem tiefen Teller verquirlen. Die Schnitzel zuerst in Mehl wenden, dann beidseitig durch das Ei ziehen. Zum Schluss in den Semmelbröseln wenden. Das Butterschmalz auf mittlerer Stufe erhitzen. Die Schnitzel darin von beiden Seiten ca. 3 Minuten braten, dabei mehrmals mit Butterschmalz übergießen. Die Schnitzel mit der Pilzsauce servieren. Schnell dazu gemacht: Frische Spätzle aus dem Kühlregal!

Pilz-Bruschetta

Aus der Pilzsauce vom Jägerschnitzel zauberst du ruck, zuck leckere Pilz-Bruschettas. Dazu den Backofen auf 200 °C vorheizen. Bauernbrotscheiben dünn mit Butter bestreichen, auf ein mit Backpapier belegtes Backblech legen und ca. 2 Minuten pro Seite im Ofen anrösten. Die Pilzsauce kurz erwärmen und auf dem Brot verteilen. Etwas geriebenen Bergkäse darüberstreuen und für einige Minuten im Ofen goldbraun überbacken.

Mit Lachs-Sahne-Sauce

VOLLKORN-FARFALLE

Zubereitungszeit: ca. 30 Minuten

Pro Portion ca. 670 kcal, 35 g E, 28 g F, 65 g KH

Zutaten

Für 2 Portionen

1/2 Schalotte
250 g küchenfertiges Lachsfilet (ohne Haut)
1/2 Glas Kapern (60 g Abtropfgewicht)
250 g Vollkorn-Farfalle
Salz
1 El Olivenöl
125 ml Gemüsebrühe
100 ml Sahne zum Kochen
1 Tl Speisestärke
1 paar Spritzer Zitronensaft
1 Prise Muskat
Pfeffer
1/4 Bund gehacktes Basilikum

1. Schalotte schälen und fein hacken. Lachs waschen, trocken tupfen und würfeln. Die Kapern in einem Sieb abtropfen lassen. Die Nudeln in reichlich kochendem Salzwasser nach Packungsanleitung bissfest garen.

2. In der Zwischenzeit das Öl in einem Topf erhitzen. Die Schalotte darin anschwitzen. Den Lachs zugeben und unter Rühren sanft anbraten. Brühe und Sahne zugießen. Etwa 5 Minuten köcheln lassen, dann die Kapern zugeben. Die Speisestärke mit 1 El kaltem Wasser glattrühren und zur Sauce geben. Unter Rühren aufkochen, dann etwa 2 Minuten köcheln lassen, bis die Sauce angedickt ist.

3. Die Sauce mit Zitronensaft, Muskat, Salz und Pfeffer abschmecken. Das Basilikum unterheben. Die Nudeln mit der Sauce servieren.

Dieses schnelle One-Pot-Gericht ist an Einfachheit wirklich nicht mehr zu übertreffen – und ist trotzdem soooo lecker! Wer's frischer mag, isst einfach noch einen Gurken- oder Blattsalat dazu.

ZITRONENREIS

mit Lachsfilet

Zubereitungszeit: ca. 15 Minuten (plus Garzeit)

Pro Portion ca. 716 kcal, 38 g E, 45 g F, 42 g KH

Zutaten

Für 2 Portionen

1/4 Bund Dill
2 Lachsfilets à 150 g
100 g Basmatireis
1/4 Tl Schale von 1 unbehandelten Zitrone
65 g Frischkäse
100 ml Sahne
1/2 Tl Salz
1 Msp. Pfeffer
1 Prise Zucker

1. Dill waschen, trocken schütteln und fein hacken. Den Lachs waschen und trocken tupfen. Den Reis mit Dill, Zitronenschale, Frischkäse, Sahne, Salz, Pfeffer, Zucker und 150 ml Wasser in einen Topf geben, verrühren und aufkochen.

2. Den Lachs obenauf legen und alles mit geschlossenem Deckel bei mittlerer Hitze ca. 15 Minuten köcheln lassen. Wenn nötig, zwischendurch noch etwas Wasser nachgießen.

FLUFFIGES OMELETT

mit Paprika-Hack-Füllung

Zubereitungszeit: ca. 30 Minuten

Pro Portion ca. 611 kcal, 38 g E, 47 g F, 8 g KH

Zutaten

Für 2 Portionen

2 rote Paprikaschoten
3 El Rapsöl
200 g Hackfleisch vom Rind
1 Msp. getrockneter Thymian
Salz
Pfeffer
100 g Naturjoghurt (3,8 % Fett)
4 Eier

1. Paprika putzen, waschen und in kleine Würfel schneiden. 2 El Öl erhitzen. Hackfleisch und Paprika darin ca. 6 Minuten braten. Thymian dazugeben und mit Salz und Pfeffer würzen. Den Joghurt unterrühren, alles aufkochen lassen, dann warmhalten.

2. Die Eier verquirlen und mit Salz würzen. Eine Pfanne erhitzen, mit 1 Tl Öl ausstreichen, die Hälfte der Eimasse dazugeben und ein Omelett stocken lassen. Auf die gleiche Weise ein weiteres Omelett backen. Die Omeletts mit der Hack-Paprika-Mischung gefüllt servieren.

KARTOFFEL-TOPF

Lecker mit Salsiccia

Zubereitungszeit: ca. 20 Minuten (plus Garzeit)

Pro Portion ca. 491 kcal, 30 g E, 20 g F, 47 g KH

Zutaten

Für 2 Portionen

400 g kleine Kartoffeln
1 Zwiebel
1 Knoblauchzehe
2 Salsiccia-Würste
2 El Oliven ohne Stein
2 getrocknete Tomaten
100 g Saubohnen (aus dem Glas)
1 El Olivenöl
1 Zweig Rosmarin
125 ml heiße Gemüsebrühe
Salz
Pfeffer

1. Die Kartoffeln gründlich waschen und halbieren. Zwiebel schälen und in Ringe schneiden. Knoblauch schälen und fein hacken. Die Würste in Scheiben schneiden. Oliven in Scheiben schneiden. Tomaten in Streifen schneiden. Bohnen in einem Sieb abspülen.

2. Das Öl in einem Topf erhitzen und Zwiebel und Knoblauch darin anbraten. Kartoffeln und Salsiccia zugeben und kurz mitbraten. Oliven, Tomaten, Bohnen, Rosmarinzweig und Gemüsebrühe zugeben und alles bei mittlerer Hitze 15 Minuten köcheln lassen. Wenn nötig, zwischendurch noch etwas Wasser nachgießen.

3. Den Kartoffel-Bohnen-Topf vor dem Servieren gut durchmischen und mit Salz und Pfeffer abschmecken.

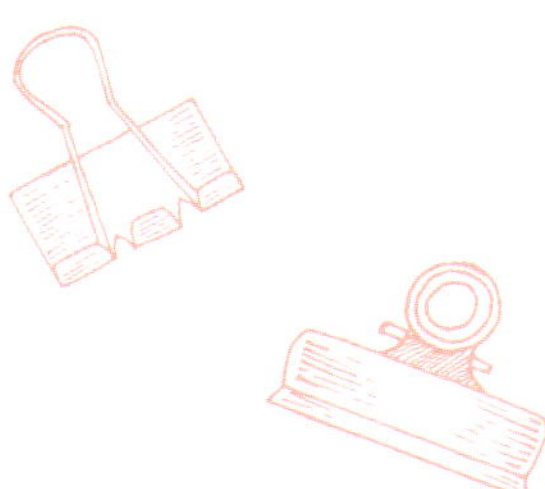

Pizza macht erst mal ein bisschen mehr Arbeit – der Clou ist aber, dass man damit gleich für mehrere Mahlzeiten vorsorgen kann. Sowohl Teig als auch fertige Pizza lassen sich nämlich super einfrieren!

PIZZA-BAUKASTEN

Pizza-Teig

Zubereitungszeit: ca. 15 Minuten (plus Gehzeit)

Für 4 Stück(e)

1/2 Würfel frische Hefe (oder 1 Päckchen Trockenhefe) • 1 Tl Zucker • 500 g Mehl • 2 Tl Salz

1. Die zerbröckelte Hefe (bzw. die Trockenhefe), Zucker und 1 El Mehl in 300 ml lauwarmes Wasser geben. Alles mit einer Gabel verrühren und den Vorteig abgedeckt 5 Minuten gehen lassen.

2. Das restliche Mehl mit dem Salz in der Knetmaschine oder in einer großen Schüssel mischen. Den Vorteig dazugeben und alles ca. 10 Minuten gründlich verkneten. Den Teig dann zugedeckt ca. 30 Minuten an einem warmen Ort gehen lassen.

3. Den Teig in 4 gleich große Stücke teilen, diese zu Kugeln formen und abgedeckt noch einmal 30 Minuten gehen lassen (wenn du lieber ein ganzes Blech Pizza machen möchtest, teil den Teig nicht in Stücke, sondern roll ihn auf einem mit Öl bestrichenen Backblech aus und lass ihn darauf weiter gehen).

4. Die Teigkugeln auf einer leicht bemehlten Arbeitsfläche mit einem Nudelholz dünn ausrollen. Auf ein mit Öl bestrichenes Backblech legen, mit Pizza-Sauce (siehe S. 107) bestreichen, nach Lust und Laune belegen (siehe S. 107) und im vorgeheizten Ofen bei 220 °C 6–10 Minuten (je nach Dicke des Teiges) backen.

Tipp

Die Pizza einfach stückchenweise einfrieren und bei Bedarf gefroren in den Ofen geben und 10–12 Minuten bei 200 °C aufbacken. Oder die Teigbällchen einfrieren – morgens rausholen, abends Pizza backen!

Pizza-Sauce

Zubereitungszeit: ca. 5 Minuten

Für ca. 500 ml

500 g passierte Tomaten • 1 Tl Salz • 1/4 Tl gemahlener Pfeffer • 1 Prise Zucker • 1 El gehacktes Basilikum (TK) • 1 Tl getrockneter Oregano • 1/2 Tl Knoblauchpulver

Alle Zutaten in eine Schüssel geben und gründlich miteinander verrühren.

Tipp

Einfach so viel Sauce auf den Pizza-Teig streichen, wie du magst. Den Rest kannst du am nächsten Tag als Aufstrich auf geröstetem Brot verwenden. Oder du brätst eine gehackte Zwiebel in etwas Olivenöl an, gibst die Sauce dazu, lässt sie ein paar Minütchen köcheln und hast ruck, zuck eine leckere Nudelsauce!

Pizza-Toppings

Beim Belegen der Pizza kannst du dich nach Herzenslust austoben. Orientiere dich an den bekannten Klassikern in der Pizzeria oder – noch besser – werde selber kreativ! Schau einfach, was der Kühlschrank so hergibt und trau dich auch mal an ausgefallenere Kombinationen.

Hier ein paar Anregungen für leckere Pizza-Toppings: Pilze, Paprika, Spinat, Rucola (erst nach dem Backen draufgeben), Ananas, Artischocken, Zwiebelringe, Brokkoli, Dosenmais, Oliven, Peperoni, Zucchini, Tofu, Speck, Salami, Kochschinken, Parmaschinken, gebratenes Hack oder gebratene Fleischstreifen, Chorizo, Sucuk, Garnelen, Thunfisch aus der Dose …

Und natürlich darf als krönender Abschluss Mozzarella nicht fehlen! Aber auch Feta, Parmesan oder – Italiener bitte weghören – Gouda schmecken sehr lecker. Wer mag, träufelt vor dem Servieren noch Knoblauch- oder Chiliöl drüber.

Mal ohne Fleisch

VEGGIE GERICHTE

mit viel Gemüse

In diesem Kapitel haben Gemüse, Getreide & Co. ihren großen Auftritt. Denn die Home-Office-Küche hat auch vegetarisch viel zu bieten! Bei Falafel mit Spinatsalat, Gemüse-Frittata oder buntem Ofengemüse spielen Fleisch und Wurst nicht mal mehr eine Nebenrolle. Warum also nicht öfter mal einen Veggie-Day einlegen?

LOS GEHT'S!

FALAFEL

mit Spinatsalat

Zubereitungszeit: ca. 30 Minuten

Pro Portion ca. 289 kcal, 17 g E, 8 g F, 33 g KH

Zutaten

Für 2 Portionen

50 g Frühlingszwiebeln
1 Knoblauchzehe
1/4 Bund Koriander
100 g Kichererbsenmehl
1/2 Tl Ras el-Hanout
Salz
100 g Babyspinat
2 Mandarinen
1 El Limettensaft
2 Tl Olivenöl
25 ml Gemüsebrühe
Pfeffer
60 g geräucherter Tofu

1. Für die Falafel Frühlingszwiebeln waschen und putzen. Die Hälfte fein hacken, die andere Hälfte in Scheiben schneiden. Knoblauch schälen und fein hacken. Koriander waschen, trocken schütteln, die Blätter abzupfen und fein hacken.

2. In einer großen Schüssel gehackte Frühlingszwiebeln, Knoblauch, Koriander, Kichererbsenmehl, Ras el-Hanout und ½ Tl Salz vermengen und mit 175 ml kochendem Wasser übergießen. Gründlich vermischen und etwa 10 Minuten quellen lassen.

3. In der Zwischenzeit den Spinat waschen, trocken schütteln und verlesen. Die Mandarinen schälen, das Fruchtfleisch grob zerschneiden und mit Spinatblättern und den restlichen Frühlingszwiebeln in eine große Schüssel geben. Mit Limettensaft, 1 Tl Olivenöl und Gemüsebrühe vermengen. Mit Salz und Pfeffer abschmecken.

4. Den Tofu in kleine Würfel schneiden. Aus der Falafel-Masse 8 kleine Falafel formen. Das restliche Olivenöl in einer Pfanne erhitzen und die Falafel darin von beiden Seiten goldbraun braten. Herausnehmen. Die Tofuwürfel in die Pfanne geben und kurz darin erwärmen. Die Tofuwürfel unter den Salat heben und den Salat zusammen mit den Falafel genießen.

Tipp

Falafel übrig? Dann verwende sie beispielsweise anstelle von Hack in der Bowl von S. 90 – so wird aus der Burrito-Bowl eine orientalisch angehauchte Bowl, köstlich vegetarisch!

ZUCCHINI-FUSILLI

Zubereitungszeit: ca. 20 Minuten

Pro Portion ca. 775 kcal, 15 g E, 55 g F, 60 g KH

Zutaten

Für 2 Portionen

250 g Fusilli
Salz
1 Knoblauchzehe
250 g Zucchini
2 El Butter
Pfeffer
50 g geriebener Parmesan
Basilikumblättchen zum Garnieren
zerstoßene rote Pfefferbeeren nach Belieben

1. Die Fusilli in reichlich Salzwasser bissfest garen. Währenddessen den Knoblauch schälen und fein hacken. Die Zucchini waschen, putzen und mit einem Sparschäler längs in feine Streifen schneiden. Die Butter in einer Pfanne aufschäumen und den Knoblauch darin 1 Minute dünsten. Die Zucchinistreifen hinzufügen und unter Rühren ca. 2 Minuten mitdünsten. Salzen und pfeffern.

2. Die Pasta abgießen und zurück in den Topf geben. Zucchinimischung aus der Pfanne mit dem Parmesan unter die Fusilli rühren. Die Pasta mit Basilikum garnieren und nach Geschmack mit rotem Pfeffer bestreut servieren.

Dieses One-Pot-Wonder ist ideal für die schnelle Home-Office-Küche! Gemüse kleinschnippeln, alle Zutaten in den Topf geben und köcheln lassen. Viel einfacher geht's wirklich nicht!

BOHNEN-CURRYREIS

Zubereitungszeit: ca. 20 Minuten (plus Garzeit)

Pro Portion ca. 378 kcal, 15 g E, 7 g F, 62 g KH

Zutaten

Für 2 Portionen

1 kleine Zwiebel
1 Knoblauchzehe
1 Stück Ingwer (ca. 1/2 cm)
1/2 Chilischote
240 g Kidneybohnen (aus der Dose)
1 El Öl
1/2 Tl gemahlener Koriander
1/2 Tl gemahlener Kreuzkümmel
1/2 Tl schwarze Sesamsamen
100 g Reis
125 g stückige Tomaten (aus der Dose)
1/2 Tl Salz
1 Tl Agavendicksaft
1/4 Bund gehackter Koriander nach Belieben

1. Zwiebel, Knoblauch und Ingwer schälen und fein würfeln. Chili putzen, waschen und ebenfalls fein würfeln. Kidneybohnen in einem Sieb abspülen und abtropfen lassen.

2. Öl in einem Topf erhitzen, die gemahlenen Gewürze und die Sesamsamen darin anbraten. Zwiebel und Knoblauch dazugeben und 1 Minute mitbraten, dann den Reis in den Topf geben und untermengen.

3. Tomaten, Ingwer, Chili, Salz, Agavendicksaft und 150 ml Wasser zugeben, alles einmal aufkochen, dann mit geschlossenem Deckel bei mittlerer Hitze ca. 25 Minuten köcheln lassen. Ggf. zwischendurch noch Wasser nachgießen, wenn es zu trocken wird. Nach 20 Minuten die Kidneybohnen dazugeben. Zum Schluss den gehackten Koriander unterrühren.

Mit frischem Minz-Dip

GEMÜSE-COUSCOUS

Zubereitungszeit: ca. 30 Minuten

Pro Portion ca. 542 kcal, 15 g E, 18 g F, 78 g KH

Zutaten

Für 2 Portionen

Für den Couscous

150 g Couscous
100 g Kichererbsen (aus der Dose)
3 getrocknete Aprikosen
3 Tl Korinthen
75 ml Orangensaft
15 ml Zitronensaft
1/2 Zucchini
1/2 Aubergine
1/2 rote Paprikaschote
1/2 gelbe Paprikaschote
3 Tl Olivenöl
Salz
1 Tl Ras el-Hanout

Für den Joghurt-Dip

75 g griechischer Joghurt
2–3 El Vollmilch
5 Walnüsse
2 Zweige Minze
Salz
Pfeffer

1. Couscous nach Packungsanweisung zubereiten. Die Kichererbsen in einem Sieb abspülen und abtropfen lassen. Die Aprikosen fein hacken, mit den Korinthen mischen und mit dem Orangensaft und 1 El Zitronensaft übergießen. Ca. 5 Minuten einweichen. Den Couscous mit einer Gabel auflockern und die Aprikosen-Korinthen-Mischung mit dem Saft und die Kichererbsen dazugeben. Gut vermischen.

2. Das Gemüse waschen, putzen und in Würfel schneiden. Olivenöl in einer großen Pfanne erhitzen und das Gemüse darin kurz andünsten. Mit dem restlichen Zitronensaft und Salz abschmecken. Etwas abkühlen lassen, dann zum Couscous geben. Mit Ras el-Hanout abschmecken.

3. Für den Dip den Joghurt mit der Milch cremig rühren. Die Walnüsse grob hacken und in den Joghurt einrühren. Minze waschen, trocken schütteln, die Blättchen abzupfen und fein hacken. In den Joghurt rühren und diesen mit Salz und wenig Pfeffer abschmecken. Zum Couscous servieren.

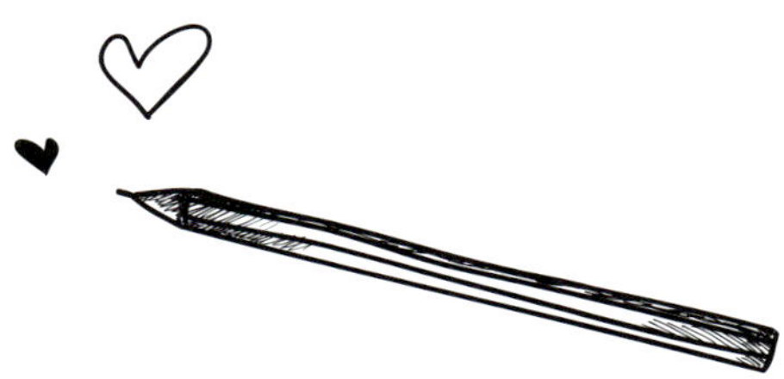

Für die Büroarbeit braucht man keine Arme wie Popeye, aber Spinat hat auch für die grauen Zellen was zu bieten: Er stärkt die Nerven und macht fit und munter. Dazu ein Spiegeleibrot – lecker!

RAHMSPINAT

mit Spiegeleibrot

Zubereitungszeit: ca. 30 Minuten

Pro Portion ca. 544 kcal, 26 g E, 36 g F, 29 g KH

Zutaten

Für 2 Portionen

500 g Blattspinat
50 g Schalotten
1/2 Knoblauchzehe
2 Tl Butter
75 g Sahne
Salz • Pfeffer
1 Prise geriebene Muskatnuss
2 große Scheiben Bauernbrot
1 El Öl • 4 Eier

Tipp

Auch lecker: Ganz klassisch mit Kartoffeln und Rührei!

1. Den Spinat putzen, waschen, in ein Sieb geben und gut abtropfen lassen. Schalotten schälen und fein würfeln. Knoblauch schälen und fein hacken. Butter in einem großen Topf zerlassen. Schalotten und Knoblauch darin bei mittlerer Hitze glasig andünsten. Die Hitze reduzieren, den Spinat zugeben und unter Rühren zusammenfallen lassen. Die Sahne zugeben und etwa 3 Minuten köcheln lassen. Mit Salz, Pfeffer und Muskat abschmecken. Nach Belieben fein oder gröber pürieren.

2. Das Brot toasten. Das Öl in eine Pfanne geben und 4 Spiegeleier ausbraten. Das Brot mit den Eiern belegen und mit etwas Salz und Pfeffer würzen. Spinat mit Spiegeleibrot servieren.

Tipp

Die Frittata schmeckt als sättigende warme Hauptmahlzeit oder zwischendurch als kalter Snack gleichermaßen gut!

PILZ-FRITTATA

mit Spinat und Paprika

Zubereitungszeit: ca. 35 Minuten

Pro Portion ca. 344 kcal, 16 g E, 28 g F, 6 g KH

Zutaten

Für 2 Portionen

75 g Pilze nach Wahl (z. B. Kräuterseitlinge oder Champignons)
100 g Babyspinat
1/2 rote Paprikaschote
1/2 Knoblauchzehe
40 g Gouda
3 Eier
100 g Sauerrahm
Salz
Pfeffer
1 El Olivenöl

1. Pilze putzen und in Scheiben schneiden. Spinat waschen, putzen und trocken schütteln. Paprika putzen, waschen und klein würfeln. Knoblauch schälen und fein hacken. Gouda reiben. Die Eier mit dem Sauerrahm verrühren. Den Käse zugeben und die Eiermasse mit Salz und Pfeffer würzen.

2. Den Backofen auf 180 °C Umluft vorheizen. In einer ofenfesten kleinen Pfanne das Olivenöl erhitzen und den Knoblauch darin anschwitzen. Pilze und Paprika zugeben und 3–4 Minuten anbraten. Mit Salz und Pfeffer würzen. Den Spinat zugeben, zusammenfallen lassen und die Eiermasse darübergießen. Die Frittata im Backofen 15–18 Minuten stocken lassen, dann auf einen Teller stürzen und servieren.

Gesundes Multitalent

OFENGEMÜSE

Zubereitungszeit: ca. 15 Minuten (plus Garzeit)

Pro Portion ca. 160 kcal, 5 g E, 9 g F, 16 g KH

Zutaten

Für 2 Portionen

1/2 rote Zwiebel
1/2 Knoblauchzehe
1 mittelgroße Zucchini
200 g Hokkaido-Kürbis
1 Rote Bete
130 g Kichererbsen (aus der Dose)
3 El Olivenöl
2 Tl Ahornsirup
1 Tl Ras el-Hanout
Salz
Pfeffer
1/4 Bund gehackte Petersilie

1. Den Backofen auf 180 °C vorheizen. Ein Backblech mit Backpapier auslegen. Zwiebel schälen und in Ringe schneiden. Knoblauch schälen und in Scheiben schneiden. Zucchini waschen, putzen und in Scheiben schneiden. Kürbis waschen, putzen, halbieren, die Kerne mit einem Löffel herausschaben, dann in dünne Spalten schneiden. Rote Bete mit Küchenhandschuhen schälen und ebenfalls in dünne Spalten schneiden. Kichererbsen in einem Sieb abspülen und abtropfen lassen.

2. Alles auf dem Backblech verteilen und mit 2 El Olivenöl und 1 Tl Ahornsirup beträufeln. Mit Ras el-Hanout, Salz und Pfeffer würzen. Im Backofen 25–30 Minuten backen.

3. Das Gemüse mit dem restlichen Öl und dem restlichen Ahornsirup beträufeln, die Petersilie darüberstreuen und genießen.

Tipp

Ofengemüse ist perfekt für die schnelle Home-Office-Küche! Das Gemüse kannst du nach Lust und Laune variieren. Auch lecker: Zucchinischeiben, Paprikastücke und Kartoffelsticks. Wer mag, legt ca. 15 Minuten vor Ende der Garzeit noch ein Stück Lachs mit aufs Blech!

Zwei Fliegen MIT EINER KLAPPE

RATATOUILLE

Ratatouille ist ein richtiger Alleskönner: gesund, flott gemacht und schmeckt warm und kalt. Ratatouille-Reste sind vielseitig weiterverwendbar, z. B. als Pizzabelag oder für unsere bunten Tartelettes!

Bunte Tartelettes

LOS GEHT'S!

Ratatouille

Zutaten

Für 2 Portionen

200 g Zucchini
175 g Aubergine
1 gelbe Paprikaschote
150 g Kirschtomaten
2 rote Zwiebeln
1 Knoblauchzehe
2 El Olivenöl
225 g passierte Tomaten
1/2 Tl getrockneter Thymian
Salz
Pfeffer

Zubereitungszeit: ca. 30 Minuten

Pro Portion ca. 290 kcal, 18 g E, 11 g F, 29 g KH

1. Das Gemüse waschen und putzen. Zucchini längs halbieren, Aubergine längs vierteln, dann beides in Scheiben schneiden. Paprika entkernen und in Streifen schneiden. Die Kirschtomaten halbieren. Zwiebeln und Knoblauch schälen und grob hacken.

2. In einem großen Topf das Olivenöl erhitzen und die Auberginenscheiben darin von beiden Seiten anbraten, dann aus dem Topf nehmen und auf einem Teller beiseitestellen. Zucchini, Paprika, Zwiebeln und Knoblauch in den Topf geben und ebenfalls anbraten. Mit passierten Tomaten und 100 ml Wasser ablöschen. Thymian und etwas Salz hinzufügen und alles ca. 10 Minuten leicht köcheln lassen. In den letzten 5 Minuten die Kirschtomaten und die Auberginen hinzufügen. Das Ratatouille mit Salz und Pfeffer abschmecken und warm oder kalt genießen. Wer mag, brät noch ein Spiegelei dazu!

Bunte Tartelettes

Wenn du Ratatouille übrig hast, kannst du es wunderbar für leckere Gemüse-Tartelettes verwenden. Dazu (für 4 Stück) 130 g feine Haferflocken in einem Standmixer fein mahlen, dann in einer Schüssel mit 1 El Wasser, 2 Eiern, 30 g feinen Haferflocken und einem halben Tl Salz zu einem glatten Teig verkneten. 4 eingefettete Tartelette-Förmchen mit dem Teig auskleiden. Das Ratatouille darauf verteilen (ggf. vorher etwas klein schneiden), etwas klein gewürfelten Ziegenkäse drüberstreuen und die Tartelettes im vorgeheizten Ofen bei 180 °C 25–30 Minuten backen.

Ein Ofen-Liebling, der ganz hervorragend ohne Fleisch auskommt! Statt Hack kommt zur Abwechslung mal eine köstliche Füllung mit Grünkern hinein. Und noch schöner: Die Hauptarbeit macht der Ofen!

PAPRIKASCHOTEN

Gefüllt mit Grünkern und Pilzen

Zubereitungszeit: ca. 20 Minuten (plus Garzeit)

Pro Portion ca. 390 kcal, 18 g E, 14 g F, 46 g KH

Zutaten

Für 2 Portionen

100 g geschroteter Grünkern
200 ml Gemüsebrühe
2 große rote Paprikaschoten
1 kleine Zwiebel
1/2 Knoblauchzehe
150 g Champignons
1/4 Bund Petersilie
100 g Feta
1 El Öl
Salz
Pfeffer
Öl für die Form

1. Grünkern in einen Topf geben, die Gemüsebrühe dazugeben und den Grünkern bei kleiner Hitze zugedeckt 10–15 Minuten ausquellen lassen. Gelegentlich umrühren.

2. Inzwischen die Paprikaschoten waschen, dann am Stielende jeweils einen kleinen Deckel abschneiden. Die Trennwände und Kerne im Inneren entfernen und nochmals waschen. Umgedreht abtropfen lassen.

3. Zwiebel und Knoblauch schälen und fein hacken. Die Champignons abreiben, putzen und klein würfeln. Die Petersilie waschen, trocken schütteln und die Blättchen fein hacken. Den Feta fein zerbröckeln.

4. Den Backofen auf 200 °C vorheizen. Einen Bräter mit Öl einfetten. In einer Pfanne das Öl erhitzen und Knoblauch und Zwiebeln darin anschwitzen. Champignons zugeben und bei mittlerer Hitze 5 Minuten braten.

5. Grünkern, Pilze, Petersilie und Feta mischen, mit Salz und Pfeffer würzen, dann die Masse in die Paprikaschoten füllen. Die Schoten in den Bräter setzen und mit geschlossenem Deckel ca. 40 Minuten im Ofen garen.

Nudelsaucen sind superpraktische Gerichte für die Home-Office-Küche: schnell gemacht und perfekt zum Einfrieren. Nur noch Nudeln dazu kochen – fertig! Mach am besten gleich einen großen Topf auf Vorrat.

NUDELSAUCEN

Veggie-Bolo

Zubereitungszeit: ca. 30 Minuten (plus Garzeit)
Pro Portion ca. 160 kcal, 18 g E, 12 g F, 35 g KH

Für 4 Portionen

300 ml Gemüsebrühe
100 g feine Sojaschnetzel
1/2 Gemüsezwiebel
1 Möhre
2 Stangen Staudensellerie
2 rote Paprikaschoten
1 milde Chilischote
2 El Olivenöl
2 El Tomatenmark
1 Tl brauner Zucker
1 Tl Paprikapulver edelsüß
400 g passierte Tomaten (aus der Dose)
1 El getrockneter Oregano
Salz • Pfeffer

1. Brühe erhitzen, Sojaschnetzel hineingeben und ca. 30 Minuten einweichen. Inzwischen die Gemüsezwiebel schälen und würfeln. Möhre putzen, schälen und in kleine Würfel schneiden. Staudensellerie waschen, putzen und klein würfeln. Paprika halbieren, putzen, waschen und in Streifen schneiden. Chili halbieren, putzen, waschen und klein hacken.

2. Öl in einem Topf erhitzen, das Gemüse hineingeben und bei mittlerer Hitze ca. 5 Minuten anbraten. Tomatenmark, Zucker und Paprikapulver einrühren und 2 Minuten mitbraten. Sojaschnetzel samt Brühe, Tomaten und Oregano zugeben, alles verrühren und mit Salz und Pfeffer würzen. Mit geschlossenem Deckel bei milder Hitze ca. 20 Minuten köcheln lassen, dabei ab und an umrühren.

Pesto

Zubereitungszeit: ca. 25 Minuten
Pro Portion ca. 182 kcal, 5 g E, 18 g F, 2 g KH

Für 3–4 Portionen

15 g Pinienkerne • 1 Knoblauchzehe • 120 g Basilikumblätter • Salz • je 15 g Parmesan und Pecorino • 100 ml Olivenöl • Pfeffer

Pinienkerne in einer Pfanne ohne Fettzugabe rösten. Knoblauch schälen und hacken. Beides zusammen mit Basilikum und etwas Salz mit dem Stabmixer zu einer Paste vermixen. Parmesan und Pecorino reiben und untermixen. Das Olivenöl einfließen lassen und unterrühren. Mit Salz und Pfeffer abschmecken.

Tomatensauce

Zubereitungszeit: ca. 15 Minuten (plus Garzeit)
Pro Portion ca. 80 kcal, 2 g E, 6 g F, 6 g KH

Für 4 Portionen

2 Zweige Basilikum • 2 Schalotten • 1 Knoblauchzehe • 2 El Olivenöl • 500 g stückige Tomaten (aus der Dose) • 100 ml Gemüsebrühe • Salz • Pfeffer • Zucker • 1/2 Tl getrockneter Oregano

Basilikum waschen, trocken schütteln und die Blättchen abzupfen. Schalotten schälen und fein würfeln. Knoblauch schälen und fein hacken. Das Olivenöl in einem Topf erhitzen und Schalotten und Knoblauch darin anbraten. Tomaten und Brühe dazugeben. Mit den Gewürzen abschmecken. Basilikum zugeben und die Sauce bei schwacher Hitze mindestens 30 Minuten köcheln lassen.

REZEPTVERZEICHNIS

HINWEISE ZUM BUCH

Portionen

Die meisten Gerichte sind für 1 oder 2 Portionen berechnet. Wenn mehr Personen mitessen, können die Zutatenmengen problemlos umgerechnet werden. Gerichte, die sich gut einfrieren, weiterverwerten oder aufwärmen lassen, sind von vornherein für 4 Portionen berechnet.

Backofentemperaturen

Die Backofentemperaturen in diesem Buch beziehen sich auf einen Elektroherd mit Ober- und Unterhitze. Falls du mit Umluft arbeitest, reduziert sich die Temperatur um 20 °C. Falls nicht anders angegeben, werden die Gerichte auf der mittleren Schiene gegart.

Abkürzungen

cm = Zentimeter
E = Eiweiß
El = Esslöffel
F = Fett
g = Gramm
kcal = Kilokalorien
kg = Kilogramm
KH = Kohlenhydrate
l = Liter
ml = Milliliter
Msp. = Messerspitze
TK = Tiefkühlprodukt
Tl = Teelöffel

Bild- und Textnachweis

Rezeptfotos

S. 15, 20, 21, 27, 32, 40 (oben), 44, 46, 47 (unten), 48, 49, 57, 69, 73, 75, 87, 88, 103, 111, 112 und 115: Studio Klaus Arras; S. 24, 40 (unten), 41, 58, 60, 80, 81, 97, 101, 102, 105, 106, 107, 113, 124 und 125: TLC Fotostudio; S. 37, 98 und 116: Kay Johannsen; S. 82: © annata78 – stock.adobe.com; alle Übrigen: Maria Brinkop

Illustrationen

stock.adobe.com: © Good Studio, © marylia17 und © sinoptic (Büroutensilien); © Mara Fribus (Wischer); © marylia17 (Pfeil); © Nobilior (Notizzettel); © voinsveta (Herzen, Kästchen, Kreuz, Sternchen, Kringel); © zhaluldesign (Icon Uhr und Icon Waage)

Rezepte

S. 14, 20, 21, 26, 32, 40 (oben), 45, 46, 47 (unten), 48, 49, 56, 68, 72, 74, 86, 89, 103, 110, 112 und 114: Katja Briol; S. 17, 22, 31, 33, 34, 36, 61, 65, 77, 93, 94, 117, 118 und 123: Christina Wiedemann; S. 18, 38, 42, 52, 62, 78, 84 und 90: Katja Pieroth; S. 25, 59, 60 und 96: Sarah Schocke; S. 37: Simone Filipowsky; S. 47 (oben): Maja Nett; S. 99 (unten) und 116: Guido Gravelius; S. 106 und 107 (oben): Marco Schmidbauer; alle Übrigen: Verlagsarchiv